Übersetzung aus dem Italienischen:
Dr. Ulrike Bauer-Eberhardt

Titel der italienischen/englischen Originalausgabe:
»Pavimenti a Venezia/The Floors of Venice«
Testi di Tudy Sammartini
Fotografie di Gabriele Crozzoli

Umschlagvorderseite:
San Marco, nördliches Querhaus, Rosette aus Porphyr und Serpentin (Detail des Steinbodens)

Umschlagrückseite:
San Domenico, Details aus dem Commesso-Boden von 1666

CIP-Einheitsaufnahme der deutschen Bibliothek

Steinböden in Venedig / Tudy Sammartini. Aufnahmen von Gabriele Crozzoli. - München : Hirmer, 2000
ISBN 3-777-8570-5

Umschlaggestaltung und Produktion: Joachim Wiesinger
Lithographie: Zincografia, Verona
Druck und Bindung: Grafiche Vianello, Treviso
Printed and bound in Italy
ISBN 3-7774-8570-5

Steinböden in Venedig

Tudy Sammartini

Steinböden in Venedig

Aufnahmen von
Gabriele Crozzoli

Hirmer

Inhalt

Bauwerke

Vorwort

Venedig ist eine Stadt kurzer Distanzen: In ungefähr einer Stunde ist ihr gesamter Durchmesser zu Fuß zu bewältigen. Sie besteht aus zahlreichen kleinen Inseln, die – eine neben der anderen – jeweils einen eigenständigen Kern mit Kirche, Campanile und dem sogenannten Campo besitzen, jenem Platz, um den herum sich Häuser mit Geschäften formieren. Der Großteil der privaten Wohnhäuser verfügt über mehrere Zugänge: Diese absolut venezianische Tradition ermöglicht den Wohnungen gegenseitige Unabhängigkeit, da jede von ihnen ihren eigenen Eingang und ein eigenes Atrium hat. Und seien die Häuser nun groß oder klein, ihre Grundrisse ähneln einander stark, und das dortige Leben gestaltet sich durch vielfältige Zierelemente äußerst angenehm.

Als Zierde in jeder Hinsicht sind auch die Steinböden zu verstehen: Mit ihren lebhaften Farben und phantasievollen Mustern veredeln sie gleich hochwertigen Teppichen die venezianischen Residenzen.

An den venezianischen Mosaikböden konnten sich die *terrazeri*-Künstler schon immer dem jeweils modernen Stil der verschiedenen Epochen entsprechend in vielfältige Phantasien versteigen, die alle in diesem reichhaltigen Band ausführlich dokumentiert sind. Hier wird die breite typologische Vielfalt in einer Zeitspanne von den ins 9. Jahrhundert zu datierenden Funden bis zu gegenwärtigen Beispielen dargelegt, die in historisch bedeutenden Bauwerken häufig rekonstruiert und teilweise konserviert wurden.

Doch die Steinböden veranschaulichen nicht nur lebhaft den sich wandelnden Geschmack ihrer Auftraggeber, sie können gewissermaßen auch als kleine konzentrierte Kunstgeschichte betrachtet werden: Von der feinen Zeichnung des frühen Opus tessellatum führt die Entwicklung bis hin zu den geometrischen Kompositionen mit breiten Streifen und großflächigen Feldern im 16., 17. und 18. Jahrhundert, die jene Bauwerke vervollkommnen, die Andrea Palladio, Baldassare Longhena, Antonio Gaspari und Giorgio Massari entworfen haben.

Der vorliegende Band präsentiert erstmals eine umfassende und profunde Untersuchung auf diesem Gebiet, indem er die breite Skala der diversen Techniken, symbolischen Aussagen und jeweils gültigen Stilrichtungen mit besonders augenfälligen Beispielen vorstellt. Auf der Analyse sowohl der ersten byzantinischen und ravennatischen Mosaiken als auch der modernen, erst kürzlich realisierten Steinböden gründet die interessante Vermutung, zwischen der Dekoration der Decken und der Bodengestaltung – die beide in hohem Maße der architektonischen Struktur der Gebäude verpflichtet sind – habe eine enge Verbindung bestanden.

Auch wenn die Phantasie im Erfinden immer neuer Schmuckmotive und die Lust am Kombinieren von Stein- und Marmor-Materialien unterschiedlicher Farbtöne von jedem Diktat völlig frei sind, haben alle *terrazeri* einen gemeinsamen Bezugspunkt: das unermeßliche Opus tessellatum des Fußbodenmosaiks von San Marco, jenen unerschöpflichen Inspirationsquell aller Steinböden in den Bürgerhäusern.

Elena Bassi

Seiten 8–9
Markusplatz heute: Der Boden wurde 1723 um etwa einen Meter angehoben und nach einem Entwurf von Andrea Tirali mit Platten aus euganeischem Trachyt und Streifen aus istrischem Stein gepflastert.

Seite 10
Die warme Glut des Sonnenuntergangs verwandelt die Wasserfläche des Kanals in einen glitzernden Boden.

Farben und Symbole der venezianischen Steinböden

> Noch rührten wir uns nicht von unsrem Stand,
> Als ich gewahrt, die rings, so weit ich spähe,
> Unnahbar stieg empor, die Felswand,
> Von weißem Marmelsteine war die jähe,
> Geziert mit Bildwerk, daß sich Polyklet,
> Daß gar Natur davon beschämt sich sähe.
> *(Dante,* Purgatorium, *10. Gesang, V. 28–33)*

Das waren Dantes Worte, als er den ersten Ring des Purgatoriums betrat und einem eindrucksvollen Schauspiel gegenüberstand: Wände und Böden waren mit sprechenden Figuren verziert, wobei die Hochmütigen als Strafe einen Felsblock auf den Schultern trugen, der sie zwang, in sich gekrümmt zu laufen, um durch diese Fron ihre eigene Erlösung zu erwirken.

Heute verleitet der Stolz unserer Hektik erneut zu Hochnäsigkeit. So scheinen wir nur in der Lage zu sein, den Bereich in Höhe unserer Augen zu sehen. Niemand läßt historisch befrachtete Decken und Fußböden zu sich sprechen. Doch wieviel hätten sie uns noch zu erzählen, würden wir nur einen Augenblick innehalten und ihnen lauschen!

Das war nicht immer so. Versetzen wir uns versuchsweise für einen Moment in das Venedig zwischen dem 9. und 13. Jahrhundert: Die Stadt war ein Fest der Farbenfreude, und als einziges Zeugnis dieser Pracht sind uns nur die Steinböden geblieben.

»In Murano ist jedes Fragment ein Spiel von derartig kunstvoll kombinierten Farben, daß dies jegliche Vorstellungskraft übersteigt; man muß es mit tiefem Respekt bewundern«, so beschreibt Ruskin den Mosaikboden in San Donato, und fährt fort, das Gebäude stelle nicht nur eines der wertvollsten Monumente Italiens dar, sondern sein Paviment sei der Nährboden des venezianischen Kolorismus, der später in Tizian fulminant aufbrechen sollte.

Aber gehen wir ein Stück zurück. Seit den ältesten Kirchen gestaltete man den Steinboden durchwegs als ein Gefüge aus geraden und gebogten Elementen. Dieses Gitter konnte selbst zum Muster werden oder verband sich zu Farbfeldern, deren Abfolge in einer ununterbrochenen Linie die Dauerhaftigkeit des Ewigen symbolisierte.

Die fragmentarisch erhaltenen Mosaiken der benediktinischen Kirche Sant'Ilario aus dem 9. Jahrhundert zeigen Streifen mit aneinandergereihten Kreisen, die zum Teil stilisierte Tiere und Pflanzen aufweisen: Motive, die uns aus den spätantiken Steinböden in Okzident und Orient bekannt sind. Diese linearen und schlichten Schmuckelemente sind in Weiß und Schwarz – unter geringem Einsatz von Rot – gehalten (*Opus alexandrinum*). Für ihre Interpretation genügt ein Blick auf den historischen Zusammenhang: In der Lagune ist der Einfluß der Karolinger deutlich spürbar, die damals den Großteil vor allem des nördlichen Bereichs unserer Halbinsel beherrschten. So entspricht der Steinboden in Sant'Ilario mit seiner ausgeprägten Geometrie tatsächlich den Stoffen Karls des Großen. Die klassisch-antike Tradition, beispielhaft dokumentiert in Aquileia, ist noch präsent: Das wiederverwendete Material will bewußt eine aus der Vergangenheit erwachsende Kontinuität beschwören; und Rom verkörperte für das damalige Venedig diese Vergangenheit. Man darf nicht vergessen, daß der Ursprung der Lagunenstadt auf einige Vertriebene zurückgeht, die während des Einfalls der Barbaren aus den römischen Lagern geflohen waren.

Im Steinboden der Benediktinerkirche San Nicolò di Lido aus der Mitte des 11. Jahrhunderts durchdringen sich das

Seite 12
Fondazione Querini Stampalia: Carlo Scarpa verband das Erdgeschoß durch asymmetrische Stufen aus istrischem Stein spielerisch mit dem Kanal.

Muster und die florealen Elemente zu einer Arabeske: Der Belag offenbart mit seiner Eindringlichkeit und erfinderischen Freiheit starke Verbundenheit zur Spätantike. Die sichtbaren Fragmente des Bodens in San Lorenzo lassen die gleiche ursprüngliche Intention vermuten.

Doch Venedig, die dem Wasser entstiegene Stadt, ist in zweifacher Hinsicht die Tochter Roms: Denn es ist außerdem in starkem Maße von Byzanz beeinflußt, der orientalischen Hauptstadt des römischen Imperiums. In diesem Zusammenhang sei die Figur des Narses ins Gedächtnis gerufen, der – gerade im Venedig des 6. Jahrhunderts – die Zwillingskirchen San Giminiano und San Teodoro gegründet hatte; genau an dieser Stelle sollte sich später San Marco erheben. Die kulturelle Überlagerung und die Verbindung zwischen den beiden Adriatischen Küsten ist verständlich, denn das Wasser bildete eher eine Brücke als ein Trennungselement. So griffen die ersten Kirchen also die erlesene orientalische Farbgebung auf: Leuchtende Fragmente symbolisieren biblisch die göttliche *claritas* (= Klarheit) des himmlischen Jerusalem. Das Äußere spielt dagegen mit Licht- und Schatteneffekten, mit geschlossener und offener Fläche, wobei der Kontrast zwischen dem warmen Ziegelrosa und dem weißen Marmor in veneto-byzantinischer Manier meisterhaft eingesetzt wurde. Zu dieser Zeit haben die Mosaikkünstler die heiligen Stätten mit Mosaiken verschönert, indem sie aus Porphyr, Terrakotta und hartem Stein kostbare bunte Steinchen herstellten, aus denen durchdachte geometrische Figuren sowie mystische Blumen- und Tiermotive entstanden. Das heißt, hier verschmolzen Reminiszenzen an die römische, heidnische, christliche, byzantinische und arabische Welt miteinander. Und sie alle sind wiederum orientalisch beeinflußt, da die Mönche und Mosaikkünstler durch die 726 von Kaiser Leo III. proklamierten ikonoklastischen Verfolgungen versprengt worden waren. Wir wissen zwar wenig oder nichts über diese spezialisierten Handwerker, doch darf man annehmen, daß sie im Team arbeiteten und von einer Baustelle zur nächsten wanderten. So läßt sich erklären, weshalb wir bei einigen Steinböden eine einheitliche Gestaltung beobachten können, wogegen sich bei anderen erhebliche Diskrepanzen aufgrund ihrer erst später erfolgten Ausführung oder wenig orthodoxer Restaurierungen ergeben.

Ein Beispiel für diese Stilmischung findet sich in der Kirche San Zaccaria, wo der Naturalismus in der Tierdarstellung sowohl an die Steinböden aus der Zeit von Aquileia – also dem 4. Jahrhundert – als auch an jene in Skirra in Tunesien erinnert. Die Marmorplatten in San Donato, umgedrehte römische Grabsteine, dokumentieren die Kontinuität der Tradition. Im 12. Jahrhundert zeigt sich eine Tendenz zu ausgeprägterer Farbigkeit, möglicherweise ausgelöst durch den verstärkten Einsatz orientalischer Arbeitskräfte.

Einzigartig ist die Situation in Torcello: Soweit sich aus den sichtbaren Fragmenten

San Nicolò di Lido, Steinboden, Mitte des 11. Jahrhunderts.

schließen läßt, ist dort der Steinboden der Unterkirche – übrigens der älteste an seinem Ursprungsort erhaltene und zeitgleich mit jenem in Sant'Ilario entstanden – in spätantiker Manier durchgehend als Mosaik gelegt (*Opus tessellatum*). Im Gegensatz dazu folgt der Boden der Oberkirche den byzantinischen und normannischen Vorbildern und besteht aus zugeschnittenen Teilen (*Opus sectile*); diese Technik war den wirklich reichen Kirchen vorbehalten. Eine Besonderheit ist hier der gänzliche Verzicht auf Figuren: vielleicht eine späte, bis heute nachwirkende Konsequenz des Bildersturms. Dieser Boden – sicherlich in einer kurzen Zeitspanne und nach einem präzisen Entwurf ausgeführt – kann aufgrund seiner Einzigartigkeit und seiner innovativen Gestaltung sowie gewisser Bezüge in den Motiven des Presbyteriums chronologisch erst nach San Marco und San Donato angesetzt werden.

Wir finden die Schmuckmotive der mittelalterlichen venezianischen Steinböden nicht nur in Beispielen von Aquileia und Rom wieder, sondern selbst im heutigen Tunesien. Das veranschaulicht unter anderem das Dreiecksmuster eines Bodens im Museum von El Djem, der aus einer Villa stammt, die zwischen dem 2. und 3. Jahrhundert nach Christus datiert wird und in der Nähe des damals wohlhabenden Olivenanbaugebiets Thysdrus gelegen war. Man hatte wohl das Empfinden, das Mittelmeer sei ein großer See und auf dem Wasserweg wäre jeder Ort zu erreichen.

Versetzen wir uns nun in die Lage des Architekten und Mönchs von San Marco: Indem dieser das Schema für den Steinboden entwarf, glaubte er wirklich, er sei im Begriff, Erde und Himmel miteinander zu verbinden. Hierfür übernahm er nicht nur Formen aus dem Fundus des traditionellen Repertoriums, sondern er erweckte diese und verlieh sogar den Figuren der christlichen Mystik Ausdruck. Im Grundriß von San Marco schneiden sich die vier Arme des griechischen Kreuzes in jenem Quadrat, in welches als Projektion der Vierungskuppel mit der Himmelfahrt ein Kreis einbeschrieben ist. Das ist der Mittelpunkt des gesamten Bauwerks, und die Entsprechung zwischen dem höchsten Punkt und der Basis ist Sinnbild des Aufeinandertreffens von Himmel und Erde. Für die Mystik ist tatsächlich der Kreis eine Weiterführung des Zentrums und verkörpert quasi dessen dynamischen Aspekt; das Quadrat zeigt dagegen dessen statische Komponente. Der Kreis symbolisiert den Himmel, das Quadrat die Erde und somit das irdische Paradies. Ein weiteres emblematisches Motiv ist der Dodekaeder, den wir sowohl an der Porta di San Pietro – also der linken seitlichen Eingangstür – als auch ganz vorne im Presbyterium sehen: Für Euklid und Platon ist er die perfekte Figur, für Luca Pacioli –

Santa Maria Assunta in Torcello, Unterboden, 9. Jahrhundert.

Seite 17
Palazzo Contarini Corfù, freskierte Masken schmücken die Fassade zum Garten hin.

der mit seinem Traktat *De divina proportione* die künstlerische Welt Venedigs so stark beeinflußt hatte – demonstriert er die »Göttlichkeit« der Mathematik, und die christliche Gedankenwelt schließlich interpretierte ihn als Sinnbild der zwölf Stämme Israels und der zwölf Weissagungen der Apokalypse. Doch das Erstaunlichste an San Marco ist vielleicht, mit welcher Harmonie alle Teile der Kirche durchdacht worden sind, vor allem herrscht eine vollkommene ikonographische Übereinstimmung zwischen den Kuppelmosaiken und den Geometrien des Steinbodens. So reproduziert der Boden in Symbolen, was die Decke mit Figuren erzählt, und entpuppt sich als wahrhaftige, wenn auch seitenverkehrte Kosmogonie, sozusagen als ein Spiegel des Himmels.

Im Lauf der Zeit ging der Schlüssel zum Verständnis dieser Bilder verloren, die Symbole selbst wandelten ihre Bedeutung oder wurden überhaupt mit anderen Inhalten belegt. Doch ein Großteil der Tiermotive läßt sich durch die Lektüre der mittelalterlichen Bestiarien interpretieren, die der heidnischen Mythologie eine christliche Auslegung gaben. Zu den gängigsten Beispielen gehören: der Adler, dessen Blick angeblich dem Sonnenlicht standhalten kann, ja aus diesem sogar Weisheit bezieht; er ist der König der Lüfte; der Löwe gilt dagegen als König der Wüste und ist die Inkarnation von Majestät, Mut, Gerechtigkeit; er repräsentiert gelegentlich Christus selbst; der Pfau symbolisiert indessen die Auferstehung und Unsterblichkeit. Des weiteren verkörpern Hirsche den Gottesglauben, während mythologische Ungeheuer – wie der Greif oder der Basilisk – für das Böse stehen.

Der Steinboden in San Marco, Symbol für die Stadt und mit dieser gemeinsam in ständigem Wandel begriffen, wurde zum Bezugspunkt und zur Inspirationsquelle für alle nachfolgenden Böden.

Kommen wir nun zur Gotik: Anscheinend haben sich die Bewohner der Stadt mit einer neuartigen Farbpalette umgeben, die aus dem Inneren der Gebäude herausdrang und nun auch die Außenwände überzog: In Verbindung mit den Reflexen des Wassers entstand so ein wahres Kaleidoskop changierender Lichter.

Die durchreisenden Pilger auf dem Weg ins Heilige Land zeigten sich tief beeindruckt vom Schauspiel des Canal Grande und der freskierten Paläste, die sich in seinem Wasser spiegelten. Zu den ältesten Beispielen zählen zwei Fassadenfragmente eines Hauses in San Zulian – in direkter Nähe zu San Marco –, die im Museo Correr aufbewahrt werden. Sie zeigen die personifizierten Allegorien der vier theologischen Tugenden in gotischen Nischen im Flamboyant-Stil. Darüber hinaus blieben in dem mittlerweile grau gewordenen Venedig auf wundersame Weise die gegenüberliegenden Bilder oberhalb der Gartenloggia des Palazzo Contarini Corfù erhalten.

Die Ca' d'Oro, so genannt wegen ihrer farbenprächtigen Dekorationen von Zuane de Franza (Jean Charlier), ist ein eklatantes Beispiel für diesen koloristischen Überschwang. Wir sind nun im Jahr 1431.

Danach sollte sich die Stadt gänzlich in Farbe kleiden. Hiervon zeugen die Leinwandgemälde der venezianischen Maler des ausklingenden Quattrocento, zum Beispiel das *Wunder der Reliquie vom Heiligen Kreuz* von Carpaccio und – noch ausgeprägter – die *Prozession auf dem Markusplatz* von Gentile Bellini aus dem Jahr 1496, die das alte Pflaster der Piazza aus dem Jahr 1264 detailliert vor Augen führt. Die Fläche besteht aus Ziegeln, die in Fischgrätmusterung verlegt sind, und wird durch Längs-

streifen in istrischem Stein gegliedert, deren gemeinsamen Fluchtpunkt die Kirche darstellt; im übrigen gleicht dieser geschickte Entwurf die unregelmäßige Form des Platzes aus. Heute zeigt sich der Markusplatz in einem Erscheinungsbild, das Andrea Tirali 1723 geplant hatte – wobei die Gesamtfläche um einen Meter angehoben wurde –: Anstelle der Ziegel verwendete man Trachyt-Platten, und als Dekor dienen lediglich zwei parallele Streifen aus istrischem Stein; dadurch wirkt der noch heute aus Ziegelstein bestehende Campanile völlig zusammenhanglos. Etwas allgemeiner berichtet Marc'Antonio Sabellico 1502 in seinem Werk *Del sito di Venezia città* von den im Freien verlegten Böden, daß die öffentlichen Wege »mit Backsteinen gepflastert« waren. Im Laufe der Jahre ersetzte man die Ziegel durch Trachyt-Platten, die sogenannten *Salizade*. Das können wir in dem Gemälde *Portikus eines Palastes* nachvollziehen, mit dem Canaletto 1765 seine Zulassung zur Akademie erwirkte. Heute läßt sich eine Vorstellung vom ursprünglichen Aussehen des Platzes gewinnen, indem man den Platz vor der Kirche Madonna dell'Orto in Cannaregio betrachtet, der nahezu unverändert aus dem 14. Jahrhundert erhalten blieb.

Wir sind nun in der Renaissance angekommen, und damit bei der höchsten Entfaltung der Farbigkeit, die in der Kirche Santa Maria dei Miracoli (1481–94) kulminierte. Letztere wurde für die Andacht des Volkes gebaut und ist ein vollständig mit kostbarem Marmor überzogener Schrein zur Aufbewahrung des Gnadenbildes der Jungfrau Maria. Dieses Monument war der Unbefleckten Empfängnis geweiht, nahm also das erst 1854 sanktionierte Dogma voraus. Architektonisch ist das Gebäude sehr eindrucksvoll, reich an toskanischen Reminiszenzen (die Initiatoren dieses Projekts aus der Familie Amadi waren toskanische Kaufleute) – wie den rhythmischen Lisenen an den Außenwänden – und mit seiner Deckenkuppel an Alberti orientiert; doch fällt auch auf, daß die Grundstruktur wie stets in Venedig in der Vergan-

Gentile Bellini, *Prozession auf dem Markusplatz*, 1496, Gallerie dell'Accademia.

genheit wurzelt. Die perfekte, in sich selbst geschlossene Form erinnert an spätantike Sarkophage. Für die Zeitgenossen rangierte diese Kirche in ihrer Schönheit nur hinter dem Markusdom.

Fast gleichzeitig wurden auch die Wände von San Marco mit wertvollem Marmor inkrustiert; und nach der Einnahme von Byzanz durch die Türken im Jahr 1453 sprießten wie durch ein Wunder in dessen Tochter Venedig überall Kuppelkirchen auf dem Grundriß des griechischen Kreuzes hervor, die jedoch ansonsten nach den ästhetischen Gesetzen der Renaissance erbaut wurden.

Auch andere, heute verlorene Steinböden, beispielsweise in der Kirche San Giovanni Evangelista, besaßen kostbare Beläge nach dem Vorbild der Miracoli-Kirche, allerdings ist zu betonen, daß diese stets Ausnahmen darstellten, denn Sabellico zufolge war der klassische Boden jener Zeit schachbrettartig weiß und rot gemustert.

In den Dokumenten ist von Steinböden wenig die Rede. Ein Sonderfall ist Francesco Sansovino, der 1580 gerade Santa Maria dei Miracoli mit folgenden Einzelheiten beschrieb: Ihre polychrome Verkleidung ist üppig ausgestattet »mit feinstem Marmor, und desgleichen im Inneren, am Boden und überall«. Noch evidenter ist die Erwähnung von Leon Battista Alberti, der in seinem *De re aedificatoria* um die Mitte des Quattrocento einen Fußboden schildert, der wie eine Sinfonie orchestriert sei; in diesem Sinne war es angemessen »den gesamten Boden mit Linien und musikalischen sowie geometrischen Figuren zu besetzen, so daß die Sinne der Anwesenden in jeder Weise auf die Kultur gelenkt« würden; was zu Venedig paßte, einer Stadt, wo jede Kirche zugleich als Musiksaal fungierte.

Architekturhistorische Forschungen bestätigen, daß die Renaissance kaum ausgereift war, als die Gebäude – sofern besonders sensible Künstler am Werk waren – in exakter Abstimmung ihrer Einzelteile konzipiert wurden.

Für gepflasterte Flächen im Freien kam beispielsweise zur praktischen Aufgabe, einen Raum zu definieren und durch die Gestaltung unterschiedliche Eigentumsbereiche oder die Heiligkeit eines Kirchplatzes abzugrenzen, auch die dezidierte Absicht hinzu, die Fassade des jeweiligen Bauwerks auf die ebene Erde zu projizieren. Dieses System erschließt sich noch heute gut in dem Kirchenbau von Il Redentore, wo Andrea Palladio die drei wesentlichen Elemente – den Steinboden im Freien, die Fassade und den Innenraum – harmonisch aufeinander bezog. Darüber hinaus zeichnet das Farbenspiel des Presbyteriums die Struktur von Apsiden und Kuppel wie in einem Plan nach und trennt, nicht zuletzt durch den Niveauunterschied von drei Stufen, diesen privilegierten Ort vom Kirchenschiff, dessen Boden die übliche weiß-rote Schachbrettmusterung aufweist. Ebenfalls von Palladio stammt der Steinboden in der Sakristei des ehemaligen Klosters Santa Maria della Carità, der zwischen 1568 und 1571 ausgeführt wurde und auf einem Aquarell des 19. Jahrhunderts in der Bibliothek der Akademie der Schönen Künste festgehalten ist. Den Raum prägt das Wechselspiel von hellen Farbtönen an den Wänden und den Rosanuancen von den Säulen und dem dorischen Fries; sie alle sind als Projektion auf den Steinboden übertragen.

Nahezu immer hat der Architekt eines Gebäudes auch dessen Steinboden gestaltet. Leider sind uns – abgesehen von wenigen Ausnahmen, wie den Skizzen von Baldassare Longhena für die zentrale Rosette und das

Seite 21
Antonio Canal, genannt Canaletto, *Portikus eines Palastes,* 1765, Gallerie dell'Accademia.

Presbyterium der Kirche Santa Maria della Salute – Fußbodenentwürfe nicht erhalten geblieben. Und obwohl wir keine sicheren Beweise dafür besitzen, verdanken wir Longhena wahrscheinlich auch das erste Beispiel eines Bodens »alla fiorentina« in Venedig: Dieser war 1666 auf den Absätzen der Prunktreppe im Kloster San Domenico entstanden. Und damit haben wir die Hochblüte des Barock erreicht.

Für diese Periode lassen sich zahlreiche Böden auf ihre künstlerischen Urheber namentlich zurückführen: So sind die Treppenabsätze in der Ca' Zenobio ein Werk des Antonio Gaspari, jenes Architekten, der viele Bauvorhaben seines mittlerweile verstorbenen Lehrers Longhena fertigstellte. Außerdem schuf Gaspari in der Ca' Pesaro Treppenabsätze und den Hausflur, eines der wenigen Beispiele für eine Labyrinthzeichnung.

Villa in der Umgebung von Thysdrus (Tunesien), Boden aus dem 2.–3. Jahrhundert n. Chr., Museum in El Djem (aus: Georges Tradier, *Mosaïques Romaines de Tunisie*, Tunis 1986).

Hier seien kurz weitere bekannte Namen aus dem 18. Jahrhundert aufgezählt: Domenico Rossi in der Kirche Santa Maria Assunta dei Gesuiti, der einen neuen Trend begründete, indem er das klassische weiß-rote Schachbrettmuster durch ein geteiltes griechisches Doppelkreuz ersetzte; Andrea Tirali in San Nicola da Tolentino, Giorgio Massari in San Marcuola und dessen Schüler Bernardino Maccaruzzi im Casino Venier sowie in der Scuola della Carità, den heutigen Gallerie dell'Accademia. Von besonderer Art sind die Terrazzoböden »alla veneziana«. Sie wurden aus Stuck, Kalk und Marmorsteinchen hergestellt und passen sich aufgrund ihrer Elastizität und Leichtigkeit gut der Struktur der venezianischen Gebäude an. Die Arbeit der *terrazeri* galt als eine Kunst, die eifersüchtig gehütet und vom Vater an den Sohn weitergegeben wurde, so daß deren Nachfahren sogar noch heute ihre Geheimnisse wahren. Der traditionelle Terrazzoboden bildete ohne genaue Planung einen homogenen Belag aus bunten Steinchen. Nur selten wich ein Terrazzoboden von dieser Praxis ab, wenigstens bis zum Ende des 17. Jahrhunderts, als die sansovinischen Deckenbalken der Säle mit Stuck und Fresken überzogen wurden. Sehr oft konzipierten die Künstler dann ein einheitliches Projekt: so im Palazzo Barbarigo und im Palazzo Moretta.

Das 18. Jahrhundert gilt allgemein als das »goldene Zeitalter« Venedigs. Gleichsam begleitet von Geigenklängen Vivaldis spazierten die Damen mit ihren Kavalieren am vielsagenden Blick der Frauen auf den kleinen Plätzen gegenüber des Eingangs vorbei. Währenddessen maskierten sich die von Puder und Eitelkeit bestäubten Ehemänner mit der traditionellen Larve und begaben sich auf »geheime Mission«. Tatsächlich waren die »Casini« in Venedig seit dem 16. Jahrhundert ein »Vergnügungsort« für galante Begegnungen, angenehme Konversationen und Glücksspiele, aber auch für Versammlungen jener

»Schöngeister«, die sich den neuen Ideen von jenseits der Alpen öffneten. Im 18. Jahrhundert waren sie berühmt für den Rang ihrer Eigentümer und Gäste, aber nicht weniger für die Eleganz ihrer Interieurs, wahrer Meisterwerke an »Diskretions-Architektur«: offensichtlich anonyme Hausflure, enge Treppen, geheime Gänge und Gucklöcher – auch in den Böden–, durch die kontrollierbar blieb, wer hereinkam, sodann wohlbehaltenes Eintreffen in kleinen Sälen mit raffinierten Dekorationen, freskierten Decken, stuckierten Wänden, Spiegeln und Gittern, durch welche man den Musikanten lauschen konnte, ohne daß man sie sah. Auch die Fußböden wurden in dieses verführerische Spiel einbezogen, wie das Beispiel im sogenannten »Casin del Baffo« zeigt, wo der Belag in ausgefallenen Geometrien organisiert ist, die seine ungewöhnliche Nutzung erahnen lassen.

Convento della Carità, Gestaltung des Steinbodens im Tablinum aus dem 19. Jahrhundert, heute Bibliothek der Kunstakademie (aus: Elena Bassi, Il Convento della Carità, Vicenza 1971).

Die Stadt präsentierte sich als bunte Theaterkulisse, und auf dem Campo Santo Stefano waren die mehr als ein Jahrhundert alten Zeichen solch froher gemalter Szenarien noch gut erhalten, wie Moschini berichtete: Drei Häuser besaßen Fresken von Giorgione, eines war von Tintoretto freskiert, der Palazzo Loredan von Salviati, der Palazzo Barbaro von Sante Zago, und den Palazzo Morosini schließlich zierten Malereien von Aliense.

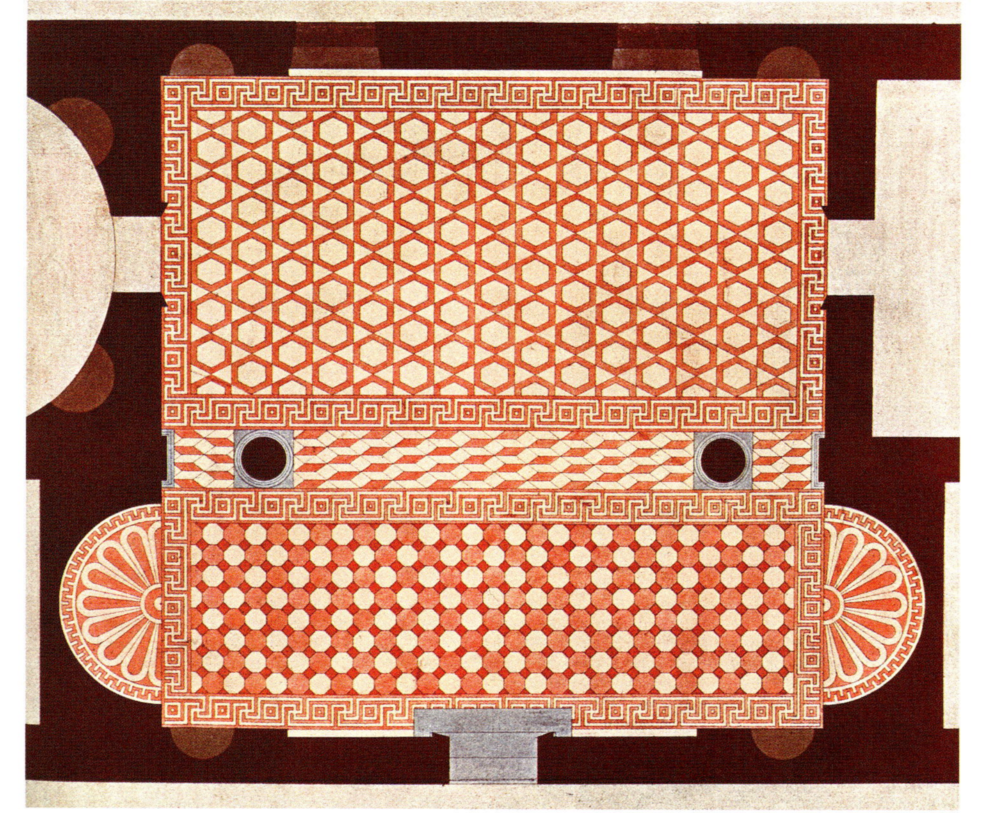

In dem Moment jedoch, als sich die historischen Reminiszenzen in einen rein dekorativen Diskurs auflösten, endete auch der reale Bezug zum Orient in einer Art Beschwörung. So reduzierte sich der symbolische Wert der Entwürfe, die nun an die neuen französischen Theorien anknüpften, vom aussagekräftigen Konzept zum ästhetischen Dekor. Als Beispiel hierfür verweisen wir auf den Steinboden im Palazzo Trevisan Moro: Dort sind schwimmende Inseln mit Pagoden und Palmen bedeckt sowie mit exotischen Tieren bevölkert. Ähnliches trifft für den Palazzo Condulmer zu: Die Darstellung des Familienwappens auf dem Steinboden ergab ein großes Schmuckstück aus kostbaren Materialien wie Achat und orientalischem Splitt.

Andererseits war es eine in Adelskreisen verbreitete Gepflogenheit, das eigene Wappen im Steinboden wiederzugeben, und gelegentlich entbrannte darüber ein regelrechter Wettstreit, wer sich am besten zur Schau stellte. Hier dürften mit hoher Wahrscheinlichkeit die mächtigen Mocenigo mit ihrem gut sechs Quadratmeter großen Wappen, das ganz mit Lapislazuli und Goldplättchen besetzt war, als Sieger hervorgegangen sein. Mit einer anderen Besonderheit kann das Wappen der Piovene aufwarten: Dort wurde ein spätrömisches Mosaik der Insel Zypern in Terrazzotechnik übertragen, um an Guido Piovene zu erinnern, der während der Belagerung von Nikosia als Held gestorben war.

Mit nahezu ironischer Beimischung setzte sich dieser Brauch auch im 19. Jahrhundert fort: Die Übertreibung war nun zur Pflicht geworden. Doch im vollen Wiederaufleben wurde der jeweilige Stil unverständlich. Natürlich übersteigerte man die Form, da deren Inhalt verloren war. Zwar spricht man von Neogotik beim Palazzo Cavalli Franchetti oder von Neorenaissance bei dem Bauwerk, das heute die Banca Commerciale Italiana beherbergt, doch beide Stile scheinen ihrer tiefen Wurzeln absolut beraubt zu sein. Im Gegenzug muß man die technische Sorgfalt und die Präzision wirklich bewundern, die von großen Meistern wie Michelangelo Guggenheim, Carlo Matscheg und Giacomo Spiera aufgeboten wurden. Ein weiterer Beweis für die Sinnentleerung ist eine Episode aus dem Jahr 1815: Denn anläßlich seines Venedigbesuchs ließ Kaiser Franz I. von Österreich doch tatsächlich den Steinboden der Scuola della Misericordia herausreißen, um ihn in die von Jacopo Sansovino erbaute Bibliothek bei San Marco zu transferieren: Die Gebäude waren also nicht mehr als harmonische Gefüge konzipiert, in denen jedes Element seinen exakt definierten semantischen Wert besaß. So mag es nicht verwundern, daß Baron Giorgio Franchetti 1896 – nachdem er von überallher Reliquien und antike Materialien zusammengetragen hatte – in der Ca' d'Oro mit seinen eigenen Händen meisterhaft einen Steinboden verlegte, der die Vorbilder von San Marco und San Donato neu interpretiert.

Je stärker wir uns der Moderne nähern, umso deutlicher wird die Diskrepanz zwischen Vergangenheit und Gegenwart. Immerhin können die großen Meister, da der antike Formenschatz nun endgültig ausgeklammert ist, einen neuen Stil entfalten, auch wenn sie sich hierfür herkömmlicher Techniken bedienen. Unter ihnen allen ragt Carlo Scarpa heraus, wie wir voller Hochachtung angesichts des Steinbodens in einem Laden am Markusplatz (ehemals Olivetti) feststellen, ebenso in der Fondazione Scientifica Querini Stampalia.

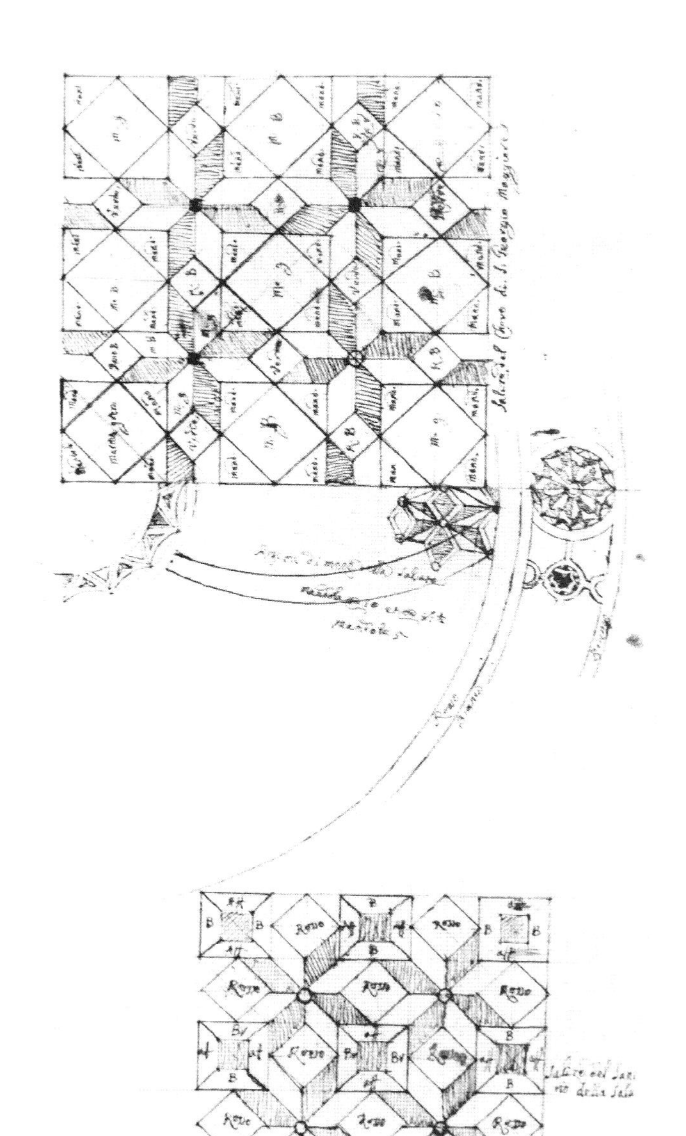

Baldassare Longhena, Skizzen für Rosette und Steinboden des Presbyteriums in Santa Maria della Salute.

Und so beschließen wir unseren kurzen Exkurs, der nicht nur in dieses Buch einführen möchte, sondern auch demonstrieren soll, daß sich die Kunst- und Architekturgeschichte der Stadt an ihren Steinböden ablesen läßt, und daß es keineswegs anmaßend ist, die Aufmerksamkeit auf diese fast vergessenen Kleinode zu lenken.

1 San Marco

Der Steinboden von San Marco ist als Symbol für die ganze Stadt zu sehen. Gewisse Veränderungen seit 1071, dem von Francesco Sansovino zitierten Gründungsjahr des gegenwärtigen Baus, spiegeln zugleich die Wandlungen des städtischen Gefüges wider und dienten stets als Inspirationsquelle für weitere Böden.

Porta di San Pietro

Die perfekte geometrische Figur des sternförmigen Dodekaeders, Paolo Uccello zugeschrieben von Michelangelo Muraro und zwischen 1425 und 1430 entstanden, kennzeichnet den Eingang zur Heiligen Stätte und verweist ideell auf jenen, der ins Presbyterium hinführt. Er ist umgeben von Kreisen und konzentrischen Rhomben in *Opus sectile*, die ihrerseits stilisierte Motive in *Opus tessellatum* aufweisen.

Südliches Querhaus
Den großen Lapislazuli im Kreismittelpunkt umgibt eine Reihe von konzentrischen Kreisen, die Dreiecke in *Opus sectile* mit dreidimensionalen Figuren und perspektivischen Effekten in sich bergen. Diese Kreise werden wiederum von einem Band mit hexagonalen Polyedern eingefaßt und sind in ein Quadrat aus *Opus tessellatum* einbeschrieben, das stilisierte Pflanzenmotive zieren.

Linkes Seitenschiff

Die Sequenz kleiner Dreiecke mit glatter Oberfläche, die symmetrisch den Steinboden schmücken, ist ein moderner Ersatz für alte farbige Steinchen mit gewölbter Fläche, wie sie noch in den großen Achtecken im rechten Seitenschiff erhalten sind. Zwischen den Achtecken symbolisieren zwei Pfauenpaare die Unsterblichkeit; sie blicken auf die zentral stehende Vase mit dem Lebensbaum.

Linkes Seitenschiff
Die weißen und roten Pflanzenranken auf schwarzem Grund in *Opus tessellatum* und die drei heraldischen Adler wurden 1522 nach einer Technik des 16. Jahrhunderts, allerdings unter strikter Beachtung der ursprünglichen Ikonographie, erneuert, als Jacopo Sansovino die Stützpfeiler für die Kuppel verstärkte. Fragmente der originalen Adler verwahrt das Museum für Epigraphik von Sant'Apollonia.

Nördliches Querhaus
Das Feld mit dem Begräbnis des Fuchses wurde 1623 von Alberto Parise erneuert. Gegen Ende des 16. Jahrhunderts bot Francesco Sansovino dafür folgende historische Erklärung: »Ein Großteil des Bodens ist von zukunftsweisender Bedeutung und präsentiert Ratschläge oder Ermahnungen.«
So könnten die beiden Hähne, die einen Fuchs auf dem Rücken tragen, auf die beiden Könige Frankreichs, Karl VIII. und Ludwig XII., anspielen, wie sie Ludovico Sforza aus dem Staat Mailand entfernten, der wegen seiner Verschlagenheit den Beinamen »der Fuchs« besaß. Der Boden vor der Mascoli-Kapelle wurde dagegen erst kürzlich renoviert; die heutige Blüte respektiert das Originalmotiv, während die Zeichnungen von Visentini (1761) beziehungsweise von Moretti (1881) belegen, daß das Nashorn ein früheres Strahlenmotiv ersetzt. Antoine Pasini erwähnt in seinem Führer Überreste der früheren Darstellung in den Pfoten und im Baumstrunk.

Kapelle der Madonna Nicopeia

Die Felder, die sicherlich vor 1500 entstanden sind, bestehen aus einer Reihe von zusammengesetzten Rechtecken aus Porphyr, Lapislazuli, Malachit und Chalzedon. Marc'Antonio Sabellico beschrieb sie 1502 in *Del sito di Venezia città* folgendermaßen: »Der Boden ist teils mit Stein, teils mit Marmorplatten und weiteren, nicht eben billigen Materialien gepflastert, darunter sind (und das ist kaum zu glauben) sogar Chalzedone von einem halben Fuß Länge zu sehen.«

Nördliches Querhaus

Die Mitte des riesigen Steinbodens bildet ein Schild aus roten, grünen und blauen Dreiecken, die auf ein Zentrum aus vier neu gefertigten Porphyrrosetten ausgerichtet sind. Ihre Originale befinden sich im Museum für Epigraphik von Sant'Apollonia.

Presbyterium

Oberhalb der Stufen zum Presbyterium birgt eine Platte aus rotem Cattaro-Marmor drei geometrisch definierte Kreise in sich.

Presbyterium

Ein Lapislazuli, umgeben von alternierenden Bändern aus parischem Marmor und *Opus sectile*, gestaltet die Seitenelemente des Bodenfelds, während sich im Mittelfeld ein dreidimensionaler Dodekaeder plastisch heraushebt und mit seiner bevorzugten Position auf die »göttliche« Natur der Mathematik verweist.

Presbyterium

Links vom Hochaltar zeigt ein herzförmiges Feld aus Cattaro-Marmor den Dogenhut und eine Leber. Es markiert jene Stelle, an der in einer Porzellanurne das Herz von Francesco Erizzo, dem Dogen von 1633 bis 1644, bestattet ist. Während der Restaurierung von 1964 fand man dieses Gefäß völlig intakt.

Presbyterium

Hinter dem Ziborium und unter der Pala d'Oro veranschaulicht ein Feld in *Opus sectile* mit kleinen Schilden (in der Form einer Pelta) aus kostbarem Marmor die Wellen des Meeres. Es gehört zu den seltenen Beispielen für ein wiederkehrendes Motiv, das bereits 579 in der Kirche Sant'Eufemia in Grado verwendet wurde, dort allerdings als *Opus tessellatum*.

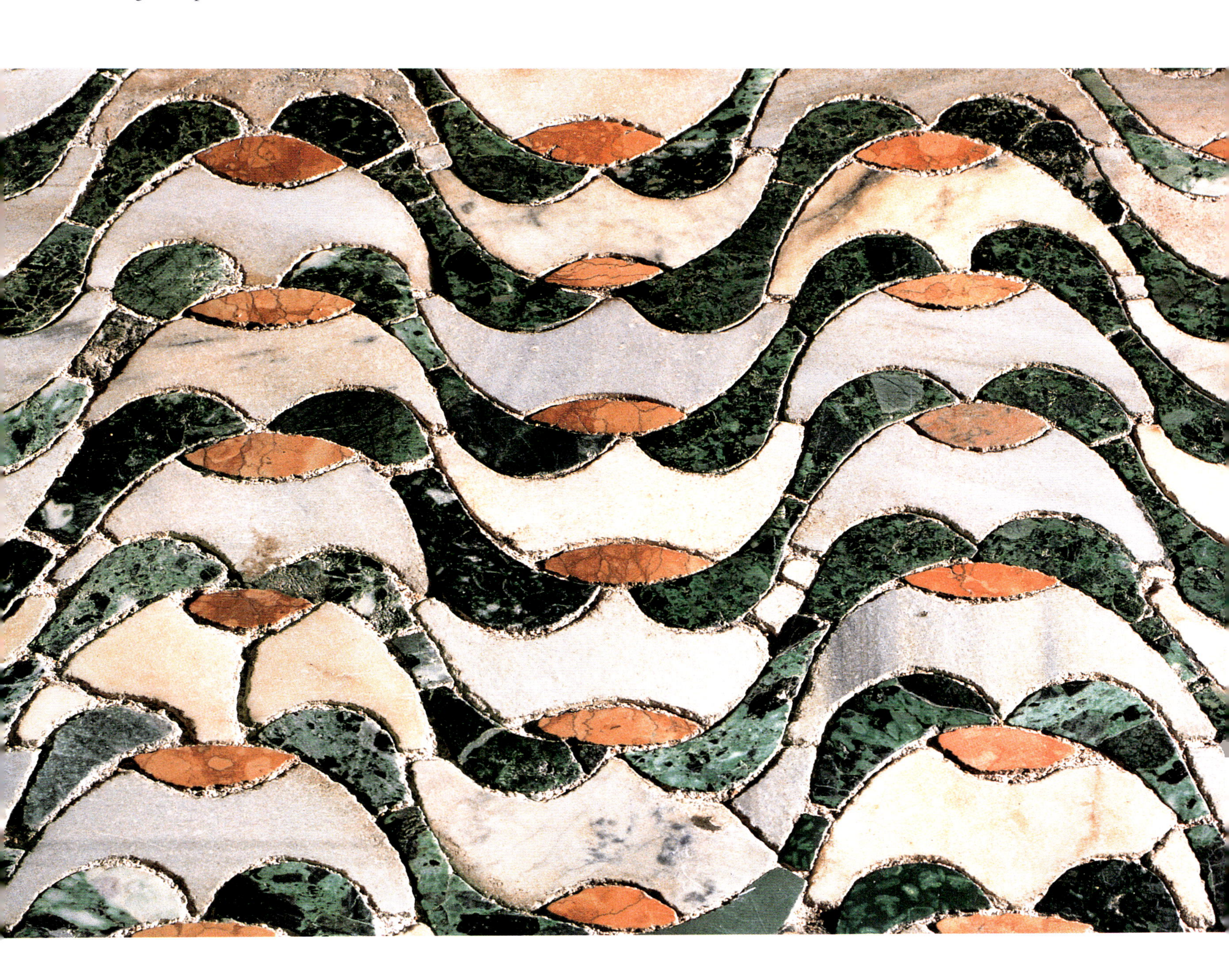

Südliches Querhaus
Trotz der modernen Restaurierung ist dieser Bodenbereich erstaunlich schadhaft, da man versehentlich weichen Marmor verwendet hat, der für dauernde Beanspruchung durch Begehen ungeeignet ist.
Im Gegensatz dazu sind Partien aus dem originalen Material nicht nur erheblich widerstandsfähiger, sondern auch viel schöner. Im zweiten Interkolumnium finden sich rote und schwarze Blumenabstraktionen in *Opus tessellatum*, auf deren Zweigen vier Vögel sitzen; zwei von ihnen heben sich vom goldgelben Grund ab, als wollten sie auffliegen.

Vorangegangene Seiten:

Südliches Querhaus
Während der Restaurierungsarbeiten von Ferdinando Forlati entdeckte man in den sechziger Jahren, daß das Element mit der strahlenförmigen Blüte früher als Deckel eines darunterliegenden romanischen Brunnens mit dem Durchmesser von 120 cm fungiert hatte; wahrscheinlich war dieser auf einen noch älteren Brunnen mit kleineren Dimensionen aufgesetzt worden.

Baptisterium
Das geometrische Muster mit seinen Rhomben, Quadraten und Dreiecken aus halbedlen Marmorarten, das die Motive der Kapelle der Madonna Nicopeia aufgreift, formiert sich zu einem sechseckigen perspektivischen Schachspiel aus Marmor; es umgibt das Taufbecken, das 1545 entstand, als Jacopo Sansovino leitender Architekt von San Marco war.

Folgende Seiten:

Nördliches Querhaus
Die Rosette im rechten Interkolumnium des nördlichen Querhauses setzt sich aus konzentrischen Motiven aus Porphyr und Serpentin zusammen und ist ein vorbildliches Beispiel einer modernen Restaurierung.

2 Sant'Ilario

9. Jahrhundert
Diese beiden Fragmente wurden im 19. Jahrhundert bei Ausgrabungen gefunden; sie stellen Salomons Knoten dar, Pflanzenmotive und mythologische Tiere in schwarz umrandeten Kreisen aus weißen Marmorsteinchen. Unter den diversen Figuren sind ein geflügeltes Pferd zu erkennen (vielleicht Pegasus), ein Mischwesen, das jeweils zur Hälfte aus einem Vogel und einer Katze besteht, sowie ein Vogel mit ausgebreiteten Flügeln: Den mittelalterlichen Bestiarien zufolge symbolisieren sie die moralischen Tugenden.

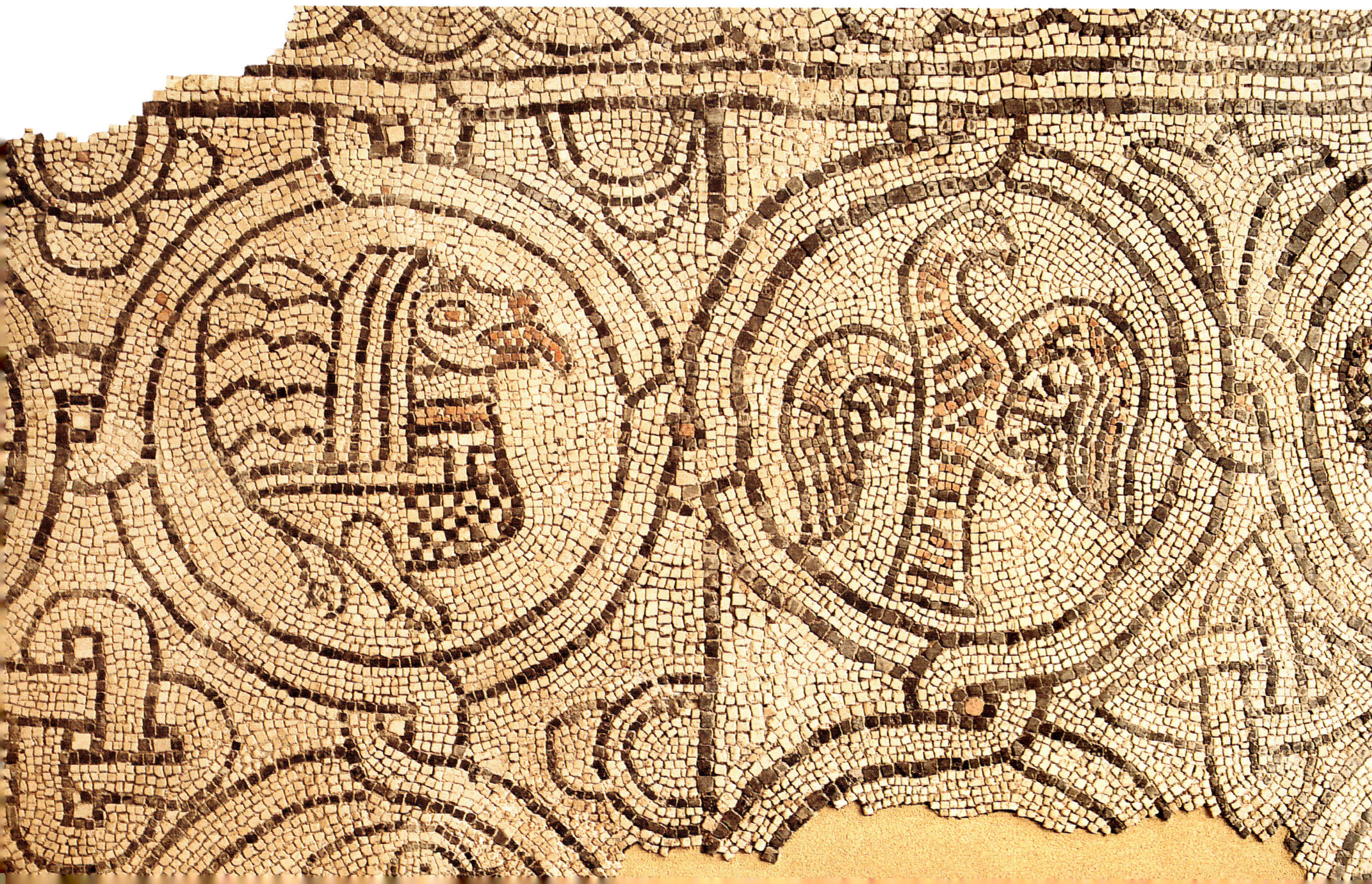

3 San Lorenzo

Zweite Hälfte des 12. Jahrhunderts

Freigelegt in der Tiefe von 175 cm während jüngst erfolgter Festigungsarbeiten, bezeugen diese Fragmente in *Opus tessellatum* und insbesondere eine Inschrift zwischen zwei Bogenreihen, daß der originale Boden erneuert wurde.

4 Murano, Santi Maria e Donato

1141

Exakt im Zentrum des Hauptschiffs stehen die großen schwarzen Lettern IN NOMINE DOMINI NOSTRI JESU CHRISTI ANNO DOMINI MCXLI MENSE SEPTEMBRI INDICTIONE V (im Namen unseres Herrn Jesus Christus, im Monat September des Jahres 1141) auf einem weißen Streifen in *Opus tessellatum* um ein Mittelfeld in *Opus sectile:* Damit ist das Entstehungsdatum des Steinbodens dokumentiert.
Halb verborgen im linken Seitenschiff bezeugt ein kleiner Davidstern in Mosaiktechnik die Kontinuität zwischen Altem und Neuem Testament. Rhomben aus grauem Porphyr wechseln mit identischen Figuren aus kleinen weißen und schwarzen Quadraten des gleichen Materials und strukturieren die Randstreifen um große weiße Platten, die das Kirchenschiff gliedern.

Vierundsechzig Quadrate aus weißem und schwarzem Mosaik bilden im vierten Interkolumnium des rechten Seitenschiffes ein Schachbrett, wie wir es identisch im Steinboden des Domes von Otranto wiederfinden können, und ebenso im Unterboden in Pesaro. Das Schachspiel, im Abendland erst zwischen dem 11. und 12. Jahrhundert verbreitet, galt in der arabischen Welt als Synonym für Weisheit. Am Eingang zur rechten Seitenapsis fällt ein Salomonischer Knoten auf, den rote und schwarze Porphyrbänder auf weißem Grund formen.

Nur in der Kirche von Santi Maria e Donato finden wir ein Paar Basilisken in heraldischer Position vor dem Lebensbaum. Diese aus einem Hahn und einem Drachen bestehenden Mischwesen mit ihrem todbringenden Blick entstammen alter heidnischer Ikonographie.

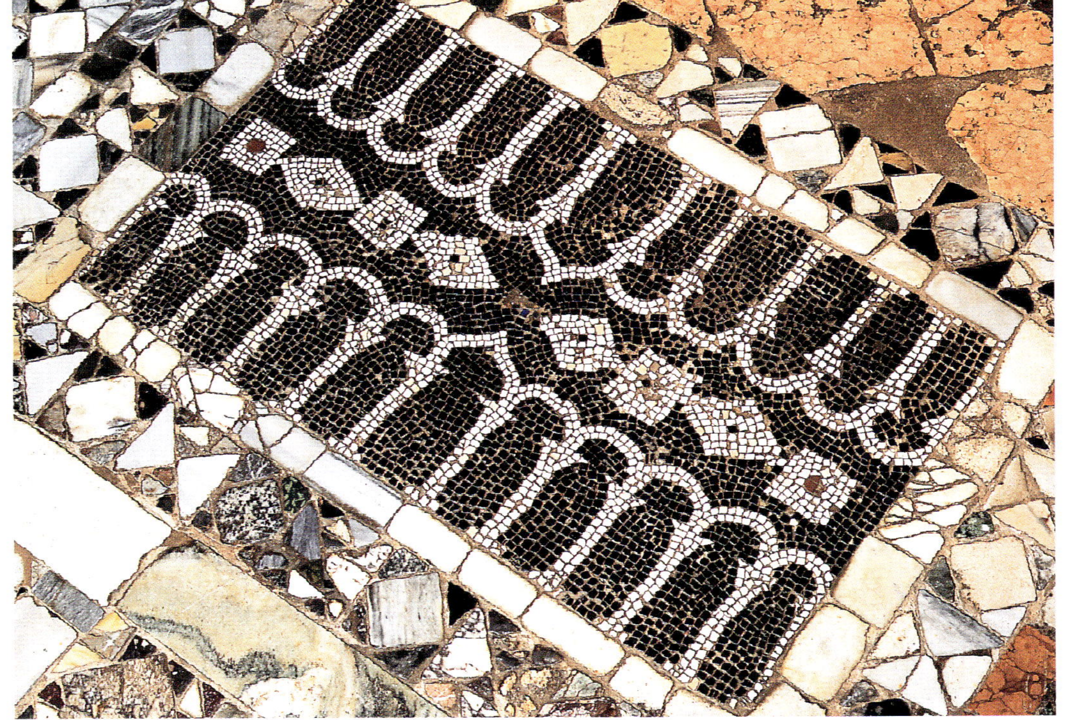

Wie für die Kirchen San Marco und San Lorenzo fungiert das Feld mit zwei spiegelbildlichen Arkadenreihen, zwischen denen auf einer Linie kleine Rhomben und Quadrate stehen, gleichsam als Signatur des Steinbodens.

Die stilisierten Figuren, die nach der letzten Restaurierung im nördlichen Querhausarm zum Vorschein kamen, stellen entweder die Paarung zweier Ameisen dar – wahrscheinlich die Geburt des Glaubens und die Verbreitung der Kirche versinnbildlichend – oder, wie Marilyn Perry schrieb, zwei riesenhafte Grillen, die den Duft einer Blüte genießen.

Dieser Adler, König der Lüfte, entstand aus kostbaren Steinchen in *Opus vermiculatum* und ist mit einer Beute in den Klauen und panzerartigem Brustgefieder gezeigt.

Das klassische Wellenmotiv der spätantiken Mosaiken findet sich auch in Murano als *Opus tessellatum*. Einzig in seiner Art ist das kleine, unbeholfene Labyrinth aus wiederverwendetem Material im nördlichen Querhausarm; es erinnert an die fünf etwa zeitgleichen Labyrinthe des Bodens in der Kirche von Der Sharqi (Syrien).

5 San Zaccaria

1176

Den Steinboden der heutigen Cappella di San Tarasio dominiert ein Strahlenkranz aus dreieckigen Elementen; diese gehen von einem zentralen Punkt in Höhe der Apsis aus. Auf weißem Grund sieht man zwischen verschiedenen Vögeln eine auffliegende rötliche Stockente, konturiert mit schwarzen Plättchen. Zu beiden Seiten des Altars versinnbildlichen die Fragmente eines Adlers und zweier Hirschkälber die Unsterblichkeit der Seele und den Gottesglauben.

6 Torcello, Santa Maria Assunta

Zweite Hälfte des 12. Jahrhunderts

Vergleichbar mit den Vorbildern in San Marco und San Donato, enthält dieser Steinboden als einziger keine figürlichen Elemente: Wahrscheinlich berücksichtigte der genaue Entwurf bereits eine schnelle Ausführung. Wie der Diamant eines Ringes werden das Mittelfeld aus orientalischem Kompositmarmor und seine schwarzweiße Rahmenleiste von vier dreieckigen Klammern gefaßt und mit dem grünen Porphyr des Grundes verbunden.

Folgende Seiten:

Der Steinboden im Chorraum übernimmt das Motiv des in ein Quadrat einbeschriebenen Kreises in *Opus sectile* aus dem Markusdom und San Donato, wo die Schwarz-, Rot-, Gelb-, Weiß- und Grautöne von orientalischem Marmor, insbesondere von Porphyr und Serpentin, in den Plättchen der Felder vorherrschen.
In den Zwischenräumen formieren sich kleine Dreiecke, Quadrate, Rhomben und stilisierte Blüten in *Opus sectile* sowie gelegentliche Einsprengsel vergoldeter Glaspaste zu einem unendlichen Muster.

Im Zentrum des Kirchenschiffs dürfte das kunstvolle Blumenmotiv inmitten konzentrischer Kreise wohl – wie im Markusdom – die Position des alten Brunnens anzeigen.

Zu Füßen des Chores bilden im Mittelschiff diagonale Linien in *Opus sectile* ein kompliziertes geometrisches Gefüge, das an arabische und sizilianische Böden der normannischen Zeit anknüpft.

7 Campo della Madonna dell'Orto

Zweite Hälfte des 14. Jahrhunderts

Diese Ziegelpflasterung in Fischgrätmuster, die große Quadrate innerhalb von weißen Rahmen aus istrischem Stein bildet, entspricht einer der ältesten Typologien für venezianische Steinböden im Freien. Genauso präsentierte sich auch der Markusplatz von 1264 bis 1723, wie Gentile Bellinis Leinwandgemälde *Prozession auf dem Markusplatz* bezeugt.

8 Palazzo Giustinian Brandolini

Mitte des 15. Jahrhunderts

Bis 1885 basierte die Wasserversorgung Venedigs vor allem auf Brunnen, so daß diese lebensnotwendig für jeden Palazzo waren. Üblicherweise befanden sie sich in der Mitte der Innenhöfe. Der Steinboden erfüllt hier eine Doppelrolle: Er war funktional und dekorativ. Innerhalb der Ziegelfläche in Fischgrätmusterung betonen Einlagen aus istrischem Stein den Umriß der Zisterne und die Regenwasserrinnen.

9 Santa Maria dei Miracoli

1489

Ein langer Gang aus kostbarem Marmor, der später auch einen Streifen mit Grabsteinen aufnahm, verbindet den Eingang mit den Stufen zum Presbyterium. Das Muster bildet ein rechtwinkliges Gitter aus griechischem Cipollin sowie hellem Carrara-Marmor, rosafarbenem Marmor aus Verona und schwarzem aus Iseo.

In der Mitte des Presbyteriums sind in eine Fläche aus grauviolettem Marmor Rundfelder aus Porphyr und Serpentin eingelegt, umgeben von verschiedenfarbigen Elementen. Insgesamt ergibt dies ein venezianisches Exempel für Kosmatenarbeit. An den Seiten stehen in exakter Symmetrie *Trompe l'œil*-Motive in Torri- und Mori-Gelb, belgischem Schwarz und den verschiedenen Veroneser Marmorarten. Die Restaurierungen von 1887 und 1970 sind dort zu erkennen, wo der schwarze Marmor durch Schieferstreifen ersetzt ist.

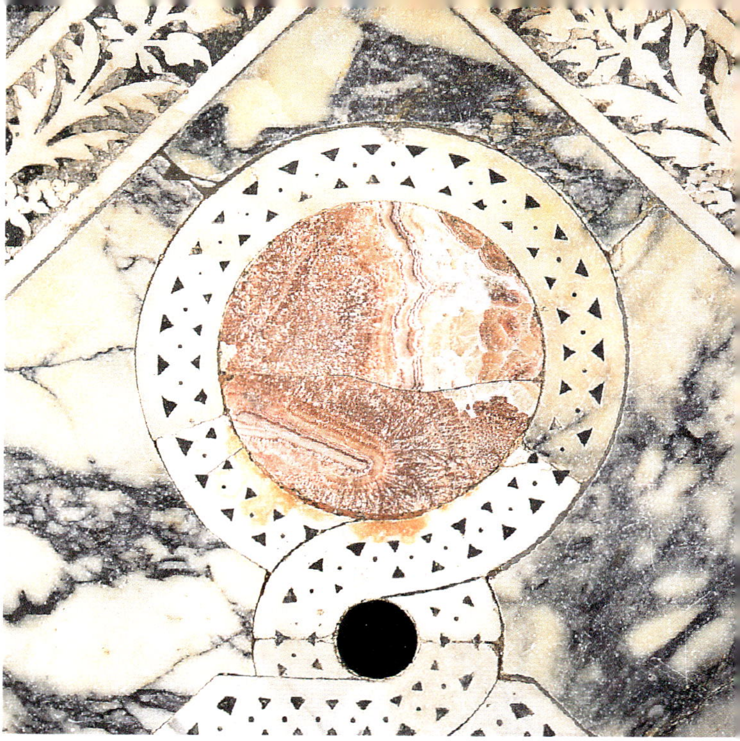

HOC SIBI ET POSTE
RIS POSVIT
ANNO DNI
MDLXXXVI

10 Scuola Tedesca

1528–29

Trotz der Restaurierungen und Umbauten der Scuola erfüllt der originale Steinboden aus dem 16. Jahrhundert eine architektonische Funktion ersten Ranges: Die beiden Rosetten in den zwei Brennpunkten einer von der darüberliegenden Empore projizierten Ellipse rahmten die Tevà (Pult), die sich heute an der gegenüberliegenden Wand des Aròn (Schrank für Gesetzestafeln) befindet, aber ursprünglich im Zentrum des Saals unter der Laterne stand; die Halbrosetten der beiden Längswände begrenzen dagegen den Raum für das Betgestühl. Die Form der Empore, der Illusionseffekt durch die Bodenzeichnung und der starke Lichtreflex verleihen dem ungewöhnlichen trapezförmigen Raum geometrische Einheit.

Im übrigen verformen sich durch die charakteristische rhythmische Bewegung beim jüdischen Gebet die Rosetten zu einer dynamischen Ellipse, die wie eine Spirale dem Zentrum zusteuert.

11 Kirche San Giorgio Maggiore

1591–96

Die warme Atmosphäre des vom weißen Putz beherrschten Innenraums erhält ihre einzige farbliche Note durch den Steinboden, dessen Zeichnung je nach räumlicher Funktion differiert. Im Bereich des Presbyteriums erzeugt das perspektivische Spiel der weißen, grauen und schwarzen Marmorrhomben die Illusion einer reliefierten Oberfläche, als solle damit betont werden, daß das Presbyterium gegenüber dem Kirchenniveau um drei Stufen erhöht ist. Im Chor, der den Mönchen vorbehalten war, besteht der Intarsienboden aus Sternelementen in rotem, schwarzem und grauem Marmor auf weißem Grund; einen ähnlichen Steinboden zeigt das Gemälde *Abendmahl* von Jacopo Tintoretto im Presbyterium.

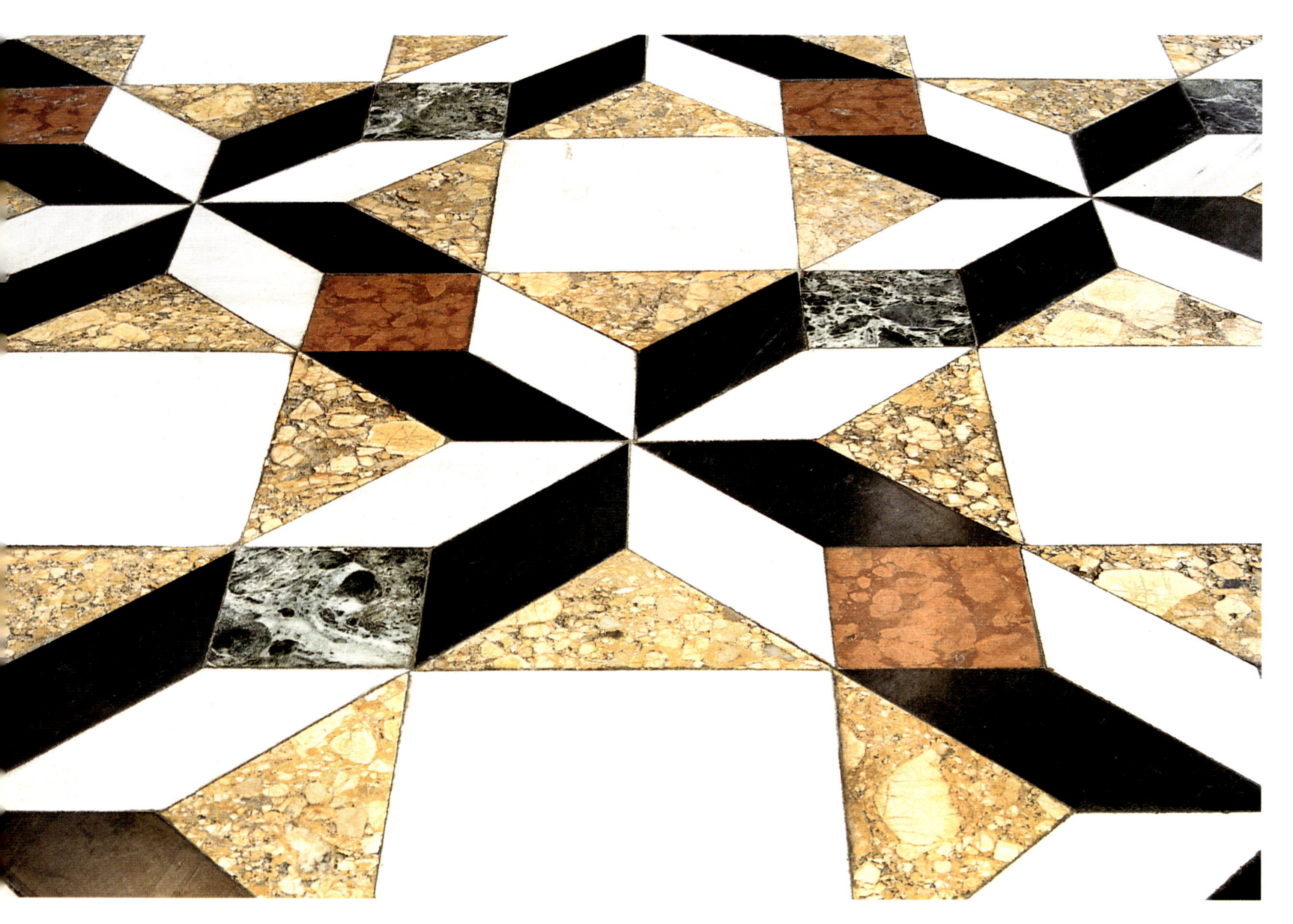

Vorangegangene Seiten:

1676–83

Gino Damerini notierte in *L'isola e il cenobio di San Giorgio Maggiore,* daß zwischen 1676 und 1683, als Pietro Sagredo Abt des Benediktinerklosters war, »der Platz vor der Fassade mit Stein aus Monselice [Trachyt] gepflastert wurde«. Die Zeichnung besteht aus istrischem Stein und gründet ihren enormen optischen Effekt auf die Reihung verflochtener Achtecke.

12 Kloster San Giorgio Maggiore

1644

Das prächtige, monumentale Treppenhaus mit zweiarmiger Rampe ist das theatralischste Werk von Baldassare Longhena, dem maßgeblich am Erfolg des venezianischen Barock beteiligten Architekten. Die effektvolle Inszenierung und die perspektivischen Spiele der gewaltigen Anlage werden auch durch die wahrscheinlich von Longhena selbst stammenden Entwürfe des Steinbodens und der Treppenabsätze unterstützt. Am Fuß der Mittelrampe wechseln Achtecke aus istrischem Stein und rotem Veroneser Marmor einander ab, während die quadratischen Zwischenräume mit schwarzem afrikanischen Marmor gefüllt sind. Die Treppenabsätze bieten dagegen weiteren Raum für stilisierte Figuren; der mittlere zeigt eine geometrische Blüte mit acht Zacken, während die Absätze am oberen Ende der beiden Treppenläufe ein traditionelleres Motiv aufweisen: jeweils einen Doppelstern aus weißem und schwarzem Marmor in einem weißen, seinerseits von rotem Veroneser Marmor eingefaßten Quadrat.

IOSEPHI
INTER . SPLENDIDA
D . GEORGII
UNA CUM
ANNO

13 Il Redentore

Gleichsam als Reflex der Fassadenlinien liegen die weißen Linien aus istrischem Stein im grauen Schieferpflaster und begrenzen den kirchlichen Grundbesitz, dessen Heiligkeit betonend. Auch diese Zeichnung ist nicht zufällig, sondern entspricht mit den verschiedenen geometrischen Konstellationen der Gliederung des Innenraums: Der große zentrale Rhombus zwischen vier Dreiecken markiert die Fläche des Kirchenschiffs, während die beidseitigen Rechtecke die Seitenkapellen anzeigen.

ABBIAMO
CONTEMPLATO
LE
MERAVIGLIE
DEL TUO
AMORE

1616
Die Schlichtheit des Steinbodens aus weißen und roten Quadraten im Kirchenschiff kontrastiert zum prächtigen Belag im Bereich des Presbyteriums, das bei Feierlichkeiten den politischen und kirchlichen Autoritäten vorbehalten war. Dort zeigt der Boden, vom Licht der Laterne und den seitlichen Öffnungen erhellt, eine Projektion der höher gelegenen Raumstrukturen. Die in ein Quadrat einbeschriebene Kreisform bietet ein farbenfrohes Kaleidoskop: afrikanischer grauer Marmor, Carrara-Weiß und Rottöne aus Cattaro evozieren im Spiel mit dem schwarzen Grund aus belgischem Marmor die Illusion von Reliefs. Ein Mäander (nachfolgende Seite), ebenfalls aus Carrara-Marmor und Veroneser Rosa, bindet die seitlichen Halbkreise an.

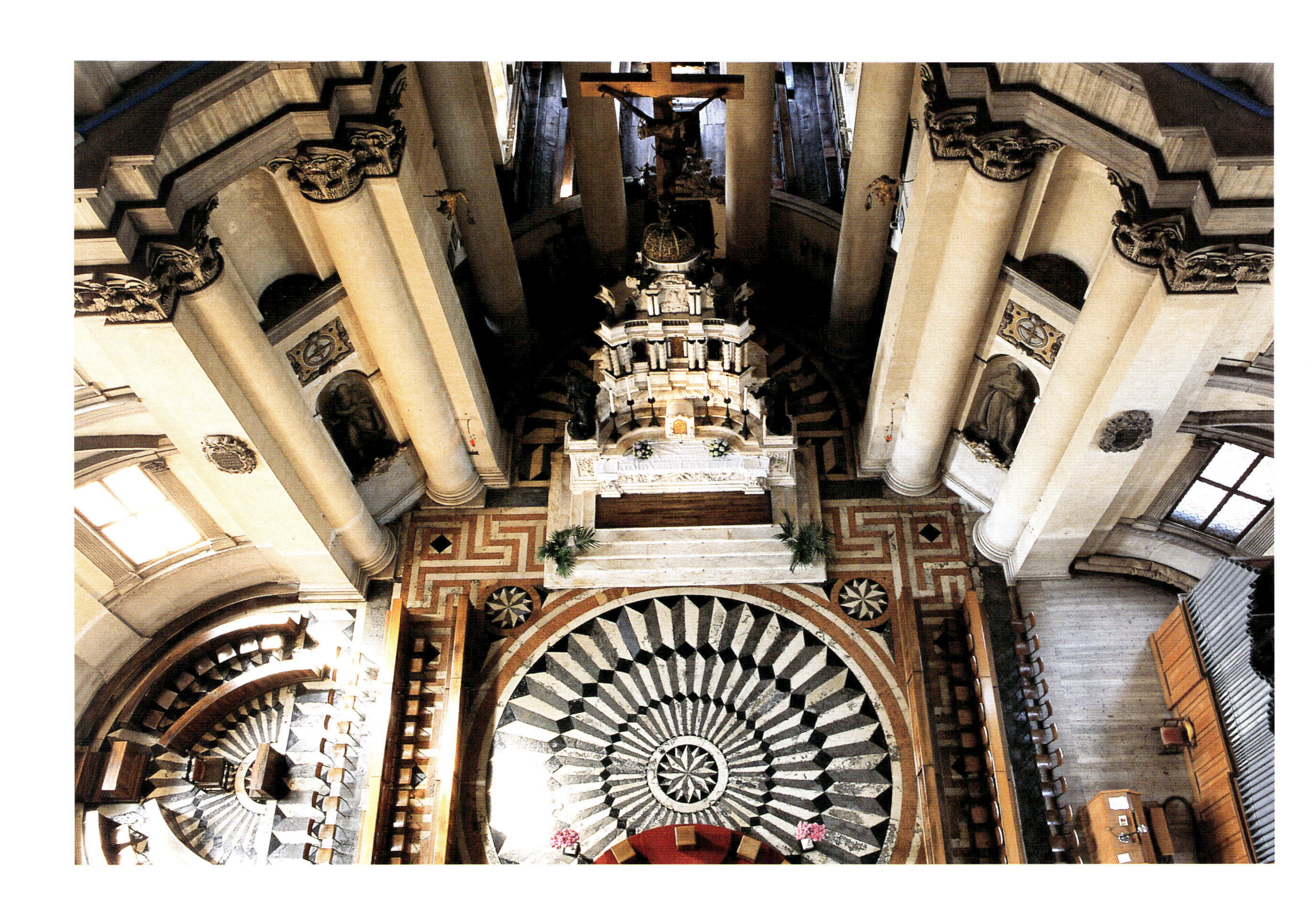

14 San Salvatore

1641

Am Beginn der Mercerie, der Hauptschlagader des venezianischen Handelslebens, liegt der Ehrentempel der reichen Kaufleute aus diesem Viertel. Das Gitter des Steinbodens ist eine Intarsie aus buntem Marmor, die sowohl in der geometrischen Komposition als auch in ihrer weisen Farbzusammenstellung das architektonische Schema des Gebäudes akzentuiert. Eine Windrose, einbeschrieben in zwei gleichseitige Dreiecke, symbolisiert die architektonische Perfektion. Vier Rosetten aus sechseckigen Doppelsternen in rosafarbenem Marmor aus Verona, belgischem Schwarz und afrikanischem Grau auf weißem Grund aus Trani-Marmor begrenzen das unter der Projektion der Zentralkuppel liegende Quadrat. Zwei Rosetten in der Diagonale tragen im Kreisband den Namen des Stifters, während weitere zwei das Alter des Stifters (VIXIT ANNOS LXIII) und sein Sterbejahr angeben, so daß dieser Bereich des Bodens auf 1641 zu datieren ist.

15 Kloster San Domenico

1666

Dies ist in Venedig das erste Beispiel eines sogenannten Florentiner Steinbodens (Commesso), den Antonio Bonini – wahrscheinlich nach dem Entwurf von Baldassare Longhena – ausgeführt hat. Die Tier- und Pflanzenmotive sind aus verschiedenen Marmorarten auf einfarbigem Grund zusammengesetzt und wirken wie gemalt.

Auf weißem Trani-Marmor geht die Szene von einem kreisförmigen Kern aus rotem Porphyr aus, den vier alpingrüne Blätter umgeben; diesen wiederum entsprießen vier große Ranken in Iseo-Schwarz und Verona-Rot. Jeweils zwischen zwei Ranken werden vier blaue Glockenblumen zu Tulpen aus rotem Veroneser Marmor. Auf den Zweigen dieser üppigen, in Röschen aus rotem französischem Marmor und orientalischem Arabescato endenden Vegetation sitzen vier wunderbar »gemalte« Vögel: Ihr Körper besteht aus rotem Levanto-Marmor, die Flügel sind orientalischer Arabescato mit Einlagen aus grauem Karst, französischem Rot und gesprenkeltem Sediment; der Schwanz schließlich setzt sich aus orientalischem Arabescato, Siena-Gelb und rotem französischem Marmor zusammen.

unten:
Auf dem ersten Treppenabsatz erneuerte man die durch Feuchtigkeit beschädigten Partien mit einer Mischung aus Granulat und Mosaiksteinchen des jeweils gleichen Materials.

16 Santa Maria della Salute

Zweite Hälfte des 17. Jahrhunderts

Mit diesem Pflaster aus Trachyt-Platten in geraden Reihen und istrischem Stein wird in geometrischen rechteckigen und kreisförmigen Elementen unter freiem Himmel eine Struktur wiedergegeben, die im Kircheninneren den Kapellenwänden und dem Umfang der Strebepfeiler entspricht. Die im geschlossenen Verbund verlegten Platten füllen das jeweilige Ornamentmotiv genau aus.

Die ganze Kirche ähnelt einer großen Krone, welche nach Baldassare Longhena die Idealform eines Maria geweihten Bauwerks verkörpert. Der Steinboden entwickelt seine Zeichnung als Projektion des Raumes in konzentrischen Kreisen von der Inschrift der Mittelrosette aus – UNDE ORIGO, INDE SALUS MDCXXXI –, in Reminiszenz an die legendäre Gründung der Stadt am 25. März 421, dem Jahrestag der Verkündigung an Maria. Ein breites Schmuckband spielt perspektivisch mit Kombinationen aus Rauten, Dreiecken, Kreisen und Quadraten in verschiedenen Marmorarten, vom Veroneser Rot zum Torri-Gelb, vom Iseo-Schwarz zum Carrara-Weiß.

Den zentralen Tondo in Commessotechnik umgeben fünf Rosen - das marianische Symbol schlechthin - und fünf Knospen, die aus Brokatmarmor, flammendem Verona-Gelb und alpingrünen Ranken in weißen Carrara-Grund intarsiert sind. Dieses Blumenmotiv kehrt mit 33 Rosen, Christi Lebensjahren entsprechend, in den äußeren Kreissegmenten wieder, die außerdem Rhombenformen in den Farben Weiß, Gelb, Rot und Schwarz in sich bergen. Das Presbyterium ist dagegen mit einem perspektivischen Rhombenmuster aus schwarzem, rotem und weißem Marmor ausgestattet. Von beiden Details existieren originale, Baldassare Longhena zugeschriebene Skizzen.

VNDE ORIGO INDE SALVS

17 Ca' Zenobio

Um 1690

Wahrscheinlich von Antonio Gaspari entworfen, dem Architekten des ganzen Palazzo, weist der Treppenabsatz eine in Venedig ungewöhnliche Zeichnung auf, die sich im gesamten Treppenhaus wiederholt. Wie er es von Longhena gelernt hatte, dessen unvollendete Aufträge er nach dem Tod des Meisters fertigstellte, entwarf Gaspari ein gut mit der Treppe harmonierendes Konzept, das den Raum betonte. Und wie die großen Architekten früherer Zeiten achtete er sorgsam auf die Details: So schuf Gaspari eine stilisierte Blüte, deren Blütenstempel ein schwarzer Tondo aus Iseo-Marmor bildet, von dem aus sechzehn große Blütenblätter in wechselnden Farben einen großen, achtzackigen Stern formen; dieser ist wiederum grau eingefaßt und von einem Geflecht geometrischer Linien und Figuren umschlossen.

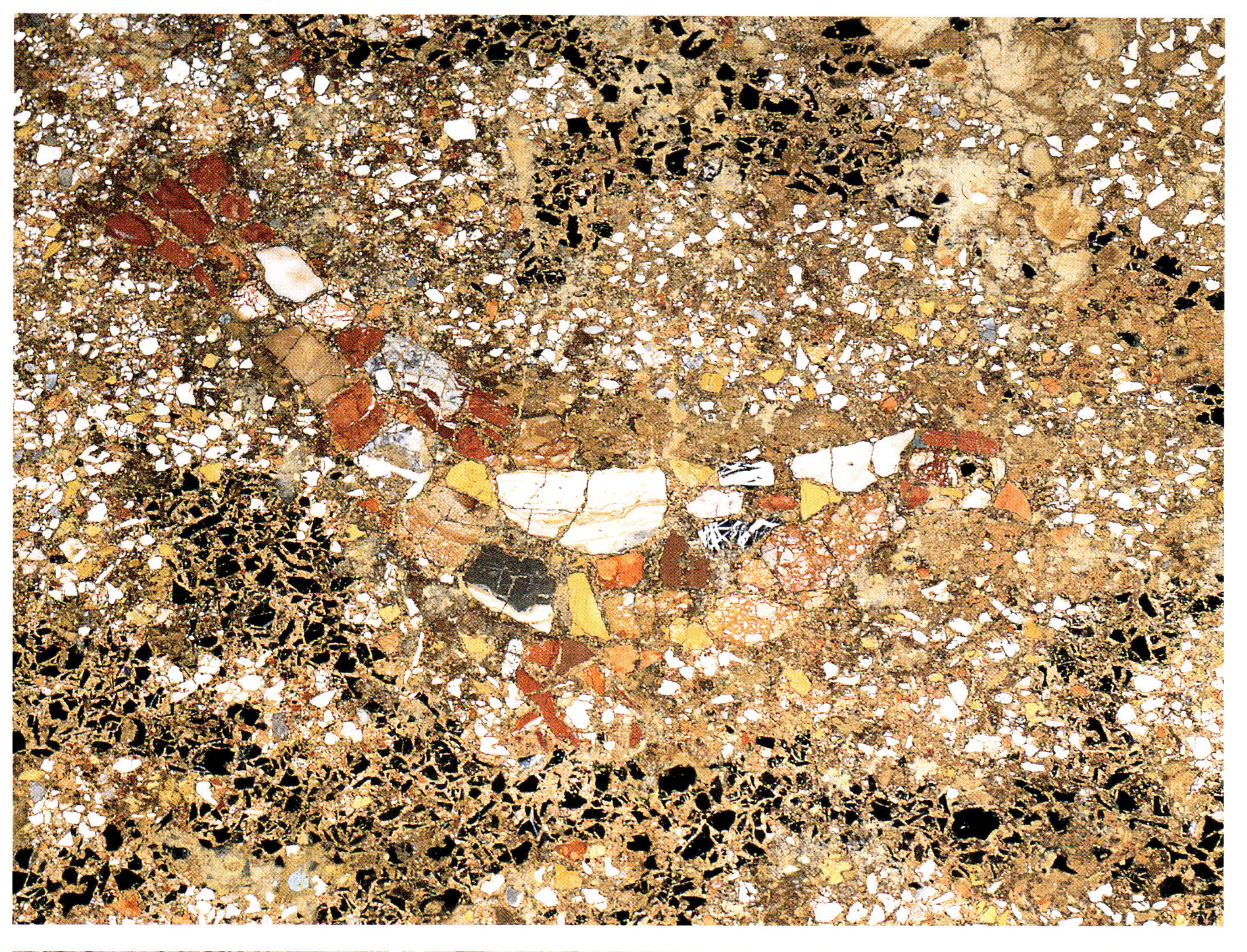

18 Palazzo Condulmer

Anfang des 18. Jahrhunderts

Vorbildlich in den frühen achtziger Jahren restauriert, zählt dieser Steinboden zu den prächtigsten seiner Art, sowohl wegen seiner Zeichnung als auch wegen der verwendeten kostbaren Materialien. Das Werk eines qualifizierten, namentlich leider nicht faßbaren Künstlers ist ein typischer Terrazzoboden »alla veneziana« aus Kalk. Unter den diversen, spärlich eingesetzten Schmuckelementen, wie bunten Rosen und Knoten aus schwarzem belgischem Marmor, Porphyr, Onyx und anderen Halbedelsteinen, fallen die vier fein ausgeführten Tauben aus gröberen Steinstücken auf. Im Zentrum beherrscht in einem Medaillon, das mit schwarzem Iseo-Marmor eingefaßt ist, ein gekrönter Adler das Wappen des Adelsgeschlechts Condulmer: bestehend aus Achat und orientalischem Splitt in Mosaiktechnik.

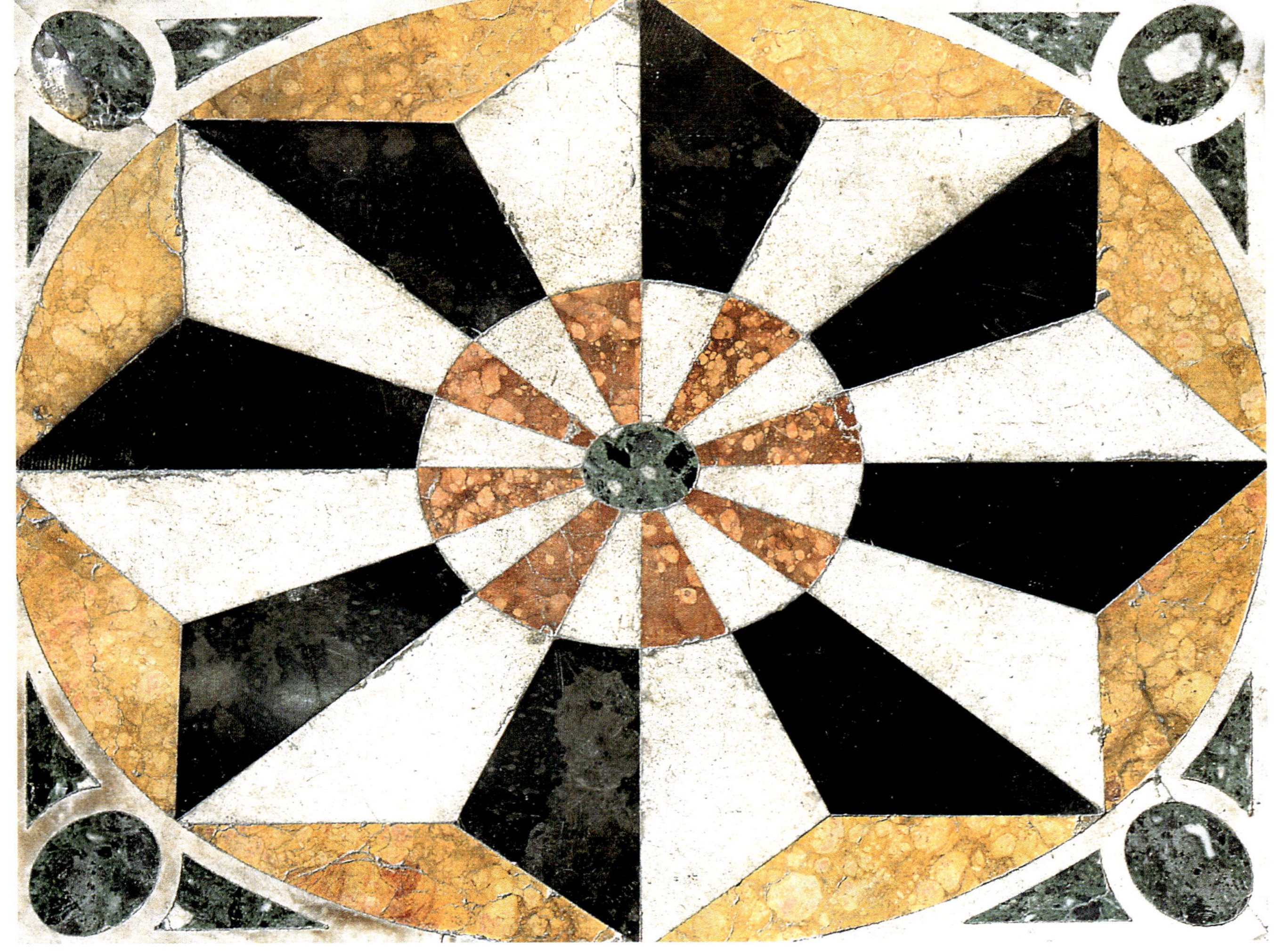

19 San Nicola da Tolentino

Das Pflaster im Freien, ausgeführt von Andrea Tirali zwischen 1706 und 1714, zeigt aneinandergefügte geometrische Formen in istrischem Stein auf einem Grund aus bündig verlegten euganeischen Trachyt-Platten. Das verschönert den langgestreckten geraden Raum des Portikus zwischen Säulengang und Kirchenfassade und verleiht ihm perspektivische Wirkung. Ein Übermaß an gebogten weißen Linien soll die strenge klassizistische Fassade auflockern und mildern. Im Innenraum sind die Böden der zahlreichen Kapellen in zwei Fällen deutlich von Palladio inspiriert: in den Kapellen der Pisani und der Corner. Dort dominiert in der Mitte die Zeichnung eines Sterns inmitten eines großen Feldes mit geometrischen, gespiegelten Figuren an den vier Seiten. Die Farbigkeit des gegen Ende des 16. Jahrhunderts entstandenen Werks ist dem Einsatz kostbarer Marmorvarianten zu verdanken, darunter Carrara-Weiß, Serpentin-Grün, Rottöne aus Cattaro und Verona sowie Torri-Gelb.

20 Ca' Pesaro

1710

Obwohl die Originalentwürfe verloren sind, läßt sich der Steinboden aufgrund seiner Typologie Antonio Gaspari zuschreiben, dem Architekten, der den Palazzo nach dem Tod seines Vorgängers Baldassare Longhena fertiggestellt hat. Den Hausflur im Erdgeschoß prägt ein rosafarbener Belag aus Veroneser Stein, der eine Labyrinthzeichnung aus weißem Marmor zeigt: in Venedig ein seltenes Motiv. Die Reflexe des Canal Grande beleben das Muster und bringen Licht in den Raum, der sich wegen der gleichartigen Farbtöne optisch bis zum Treppenabsatz ausdehnt. Die Gestaltung der oberen Treppenabsätze besteht aus rötlicher Zeichnung auf buntfleckigem Marmor, der unmittelbar am Fenster in seiner Zartheit florealen Motiven ähnelt.

21 Palazzo Trevisan Moro

Anfang des 18. Jahrhunderts

Im Bibliothekssaal hat sich der einzige venezianische Steinboden mit orientalischen Anklängen erhalten. Die *Chinoiserien*, die im 18. Jahrhundert in Venedig sehr beliebt waren, entstanden auf einem ockerfarbenen Ziegelbett mit locker eingestreutem weißen Kiesel. Wie einzelne Seerosen wirken die dekorativen Konstellationen aus Palmen, Pagoden, Vögeln und tropischer Vegetation in verschiedenen Marmorarten wie Iseo-Schwarz, Torri-Gelb oder dem Grau und Rot aus Cattaro. Libellen, Schmetterlinge und Salamander fungieren als Bindeglieder zwischen diesen Schmuckmotiven und veredeln in ihrer delikaten Ausführung diesen höchst originellen Steinboden.

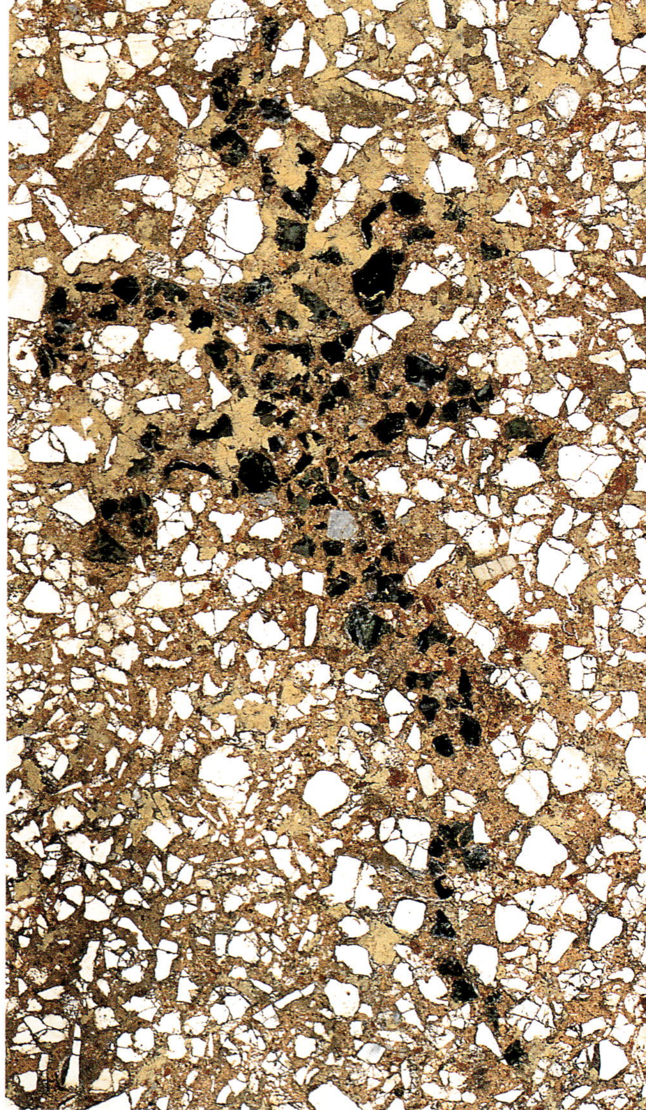

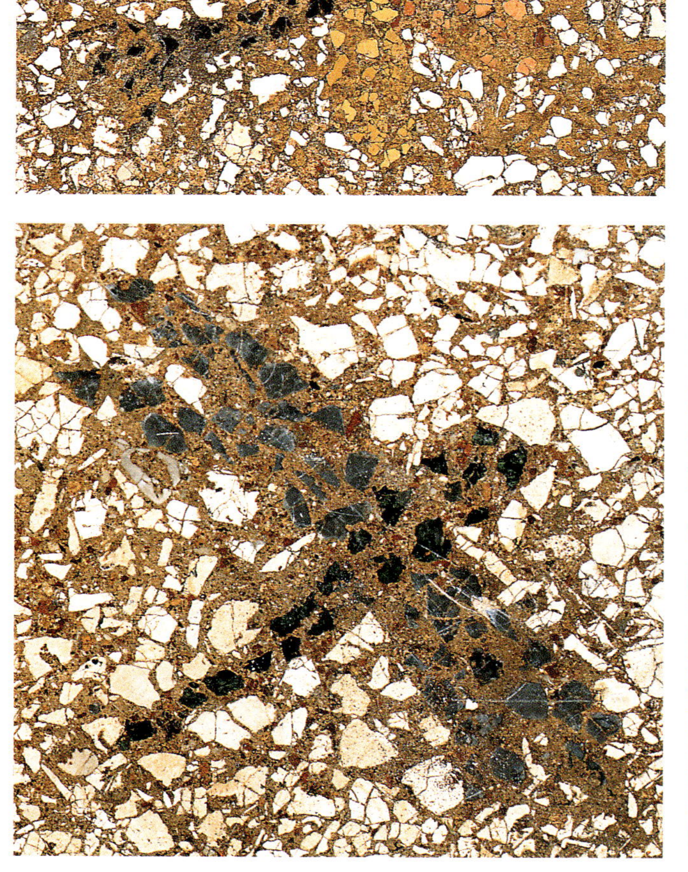

22 Palazzo Pisani bei Santo Stefano

Anfang des 18. Jahrhunderts
Auf einem Untergrund aus Kalk und Ziegel umgibt im Erdgeschoß ein von Blütenelementen unterbrochener Mäander stilisierte Zweige aus grünem Alpenmarmor, die sienagelbe Früchte tragen. Tulpen in verschiedenen Nuancen von Veroneser Rot und Torri-Gelb sind über ein Feld aus weißem Kiesel verstreut.

23 Santa Maria Assunta dei Gesuiti

1715–28

Der bis ins kleinste Detail reichende Aufwand, die Farbenpracht und die Lichtreflexe machen das gesamte Gebäude zu einer klaren politischen Botschaft der gefestigten und stattlichen Präsenz des Jesuitenordens in Venedig, nachdem er 1606 von dort vertrieben worden und fünfzig Jahre später erstarkt zurückgekehrt war. Reichtum und Originalität kennzeichnen auch den Steinboden im Kirchenschiff. Zum ersten Mal ersetzte Domenico Rossi, der planende Architekt der ganzen Anlage, die klassische rotweiße Schachbrettmusterung durch eine elegante Geometrie aus weißem und graublauem Bardiglio-Marmor. Dabei sorgen ein mehrfach in die Zeichnung integriertes doppeltes griechisches Kreuz und großflächige, in die Diagonale gesetzte Quadrate für durchgehende Fluchtlinien, die den Raum vervielfachen.

Der Intarsienboden – entworfen von Fra Giovanni Pozzo – gleicht einem eleganten, luxuriösen Brokatstoff in Gold, Grün und Schwarz; er breitet sich weich über die fünf Stufen, die zum Hochaltar führen.

Im Presbyterium erzeugt das feine Muster aus Bardiglio einen raffinierten, unvermuteten Kontrast zum weißen Marmorgrund.

D O M
NICOLAO BALBI
SENATORI AMPLISSIMO
HUIUS ECCLESIÆ PROCUR. OPTIME MERITO
RELIGIONI PATRIÆ LITTERIS
FATO FUNCTO XIV KAL. FEBR.
ÆTATIS SUÆ ANNO LXXXI
MŒRENTES FILII
SIBI ET POSTERIS
ANNO AN D.
MDCCXCI

24 San Marcuola

Um 1738

Der offenkundige Erfolg von Domenico Rossis Steinboden in der Jesuitenkirche veranlaßte Giorgio Massari dazu, für diese vom Unglück verfolgte und immer noch unvollendete Kirche einen geometrisch gemusterten Boden aus istrischem Stein und graublauem Bardiglio zu entwerfen. Der Architekt, immer auf Details und technische Finessen bedacht, konzipierte eine Zeichnung aus Rhomben und zusammengesetzten Figuren, der es gelang, die Achsverschiebung zwischen den beiden Kircheneingängen und dem Hochaltar optisch auszugleichen.

25 »Casin del Baffo«

1730

Die Steinböden der beiden seitlichen Säle sind mit kreisförmigen Figuren gestaltet, die asymmetrisch zu den Fenstern stehen. Einen dieser Kreise bilden 22 schwarze rhombenförmige Schaufeln, die mit dem Mittelpunkt durch ebenfalls schwarze Linien vor weißem Kieselgrund verbunden sind. Der mittlere Saal im zweiten Stock besitzt einen Boden aus Kalk mit breiter, harlekinartiger Einstreuung: In seinem Zentrum birgt eine große Pfingstrose mit Blütenblättern aus schwarzem Iseo-Marmor vor weißem Kieselgrund das Entstehungsdatum des Bodens.

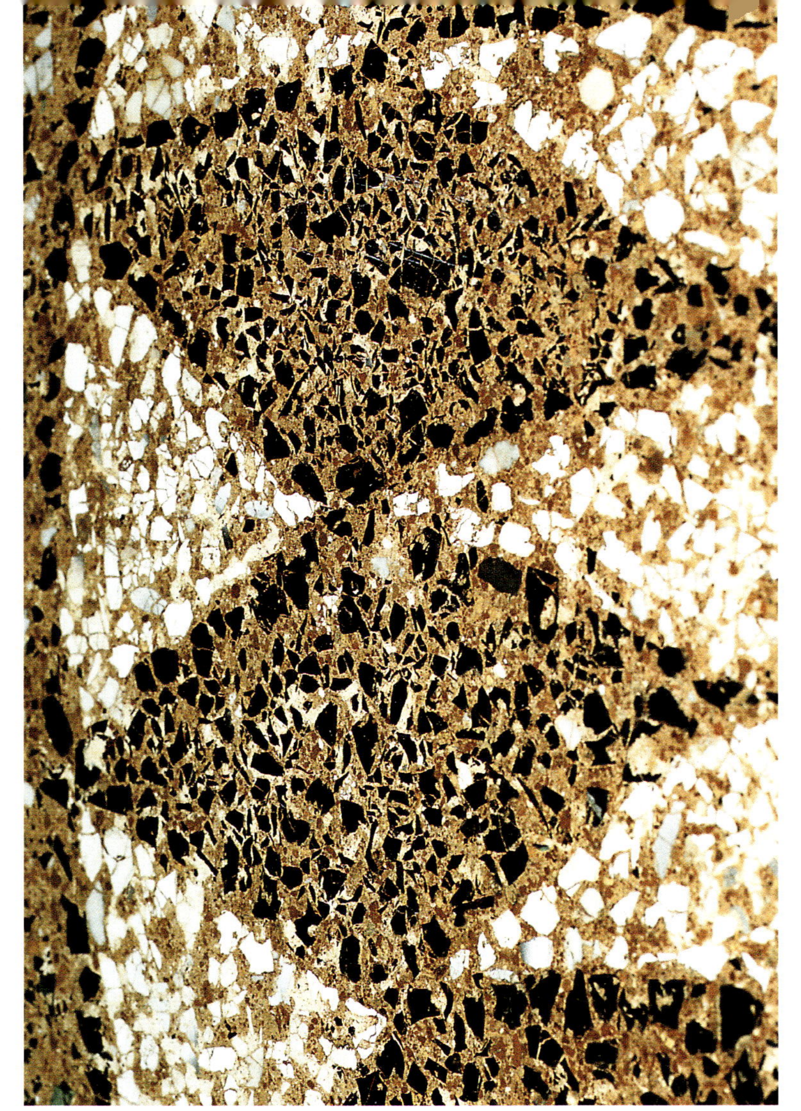

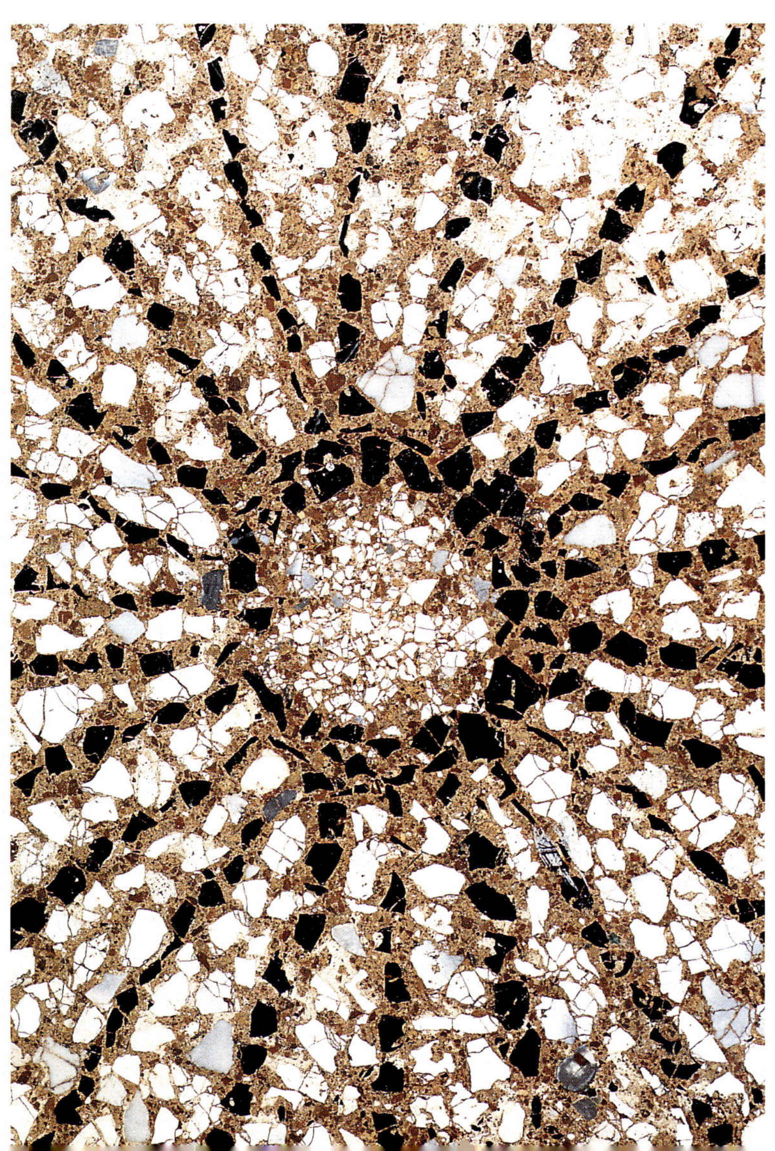

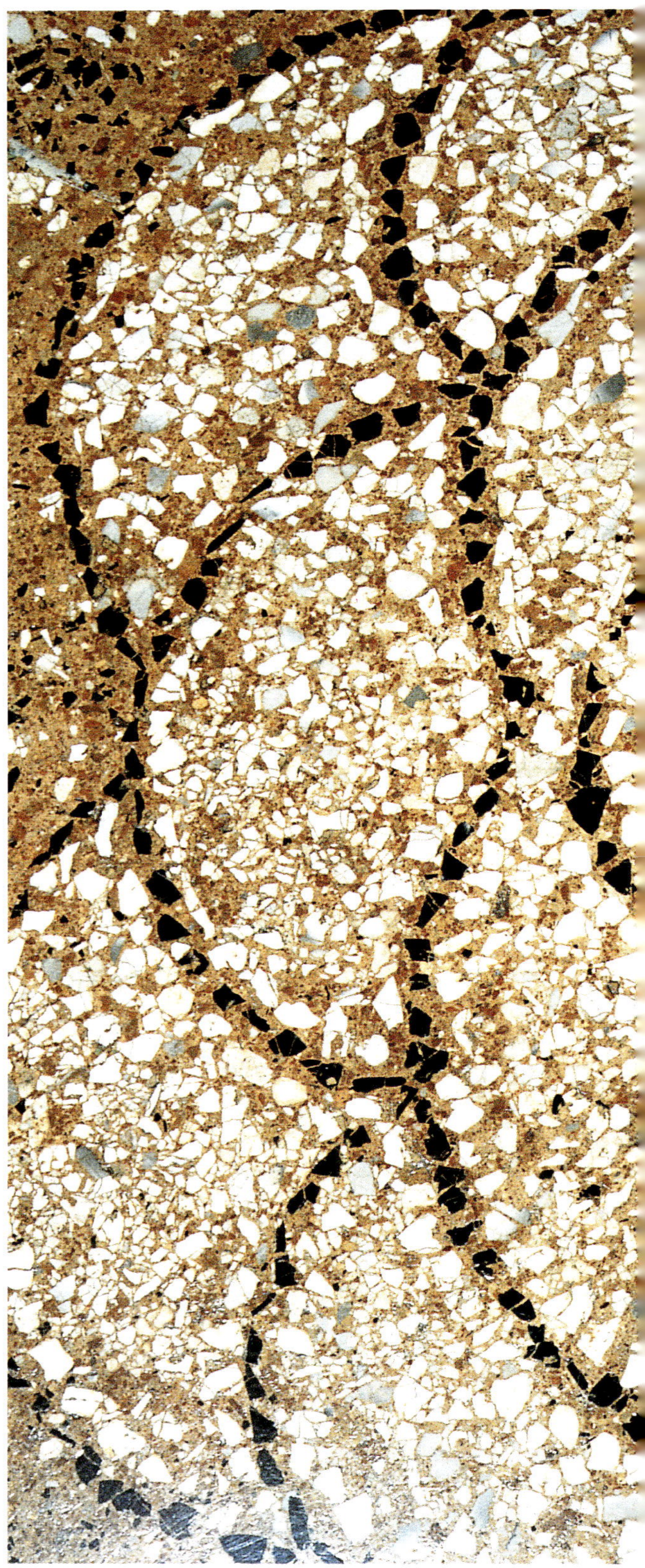

26 Scuola Grande dei Carmini

1740

Im Saal des Albergo ist eine doppelte Windrose aus weißem Trani-Marmor und rotem Veroneser Marmor in eine Ellipse aus schwarzem belgischem Marmor einbeschrieben und von Bändern und Feldern aus orientalischem Kompositmarmor umschlossen. Weiter außen verbinden sich geometrische Formen zu perspektivischen Spielen in den klassischen venezianischen Farben, nämlich Veroneser Rot, Trani-Weiß und Bardiglio-Grau. Aus dem gleichen Material bestehen auch die Rhomben im Korridor. Die Absätze der aufwendigen Treppe gehen wahrscheinlich auf einen Entwurf von Antonio Gaspari zurück; motivisch wurzeln sie in der unerschöpflichen Gestaltung des Steinbodens von San Marco.

27 Palazzo Barbarigo bei Santa Maria del Giglio

1742

Die Steinböden im Mezzanin schuf der *terrazer* Bortolo Cecchin nach einem Entwurf von Gerolamo Mengozzi, genannt il Colonna. Im Alkovensaal ist eine ovale Blüte mit Blütenblättern aus Torri-Gelb in ein geschweiftes Medaillon aus rosafarbenem Veroneser Marmor einbeschlossen und hebt sich deutlich vom weißen, locker gestreuten Kieselgrund ab. Nach dem Tod ihres Gatten Gregorio zog Caterina Sagredo Barbarigo 1766 in diese Räume und ließ zum Zeichen ihrer Trauer ein durchbohrtes Herz ergänzen. Im Wohnzimmer stehen seitlich neben der Mittelrosette die Wappen der Sagredo und Barbarigo auf weißem Grund; sie werden von einem schwarzen Doppelschild und unterschiedlichen Nuancen von Veroneser Marmor hinterfangen.

Auf dem Terrazzoboden des Eckzimmers, den ein weites Rautenfeld prägt, winden sich kunstvolle Girlanden.

28 Palazzo Pisani Moretta

1742–45

Nach Entwürfen von Francesco Zanchi, der die von Chiara Pisani veranlaßte Restaurierung leitete, schufen die *terrazeri* Domenico und Giacomo Crovato diese Böden. Die Treppenabsätze zeigen verschiedene Motive in Commesso. Den ersten ziert eine stilisierte Margerite aus Mori-Gelb, Iseo-Schwarz und Cattaro-Rot, die partiell in den vier Ecken wiederholt wird; sie umrandet ein doppelter Streifen aus grauem Bardiglio, so daß sie dem Grund aus parischem Marmor enthoben zu sein scheint. Auf dem zweiten Absatz entsteht die perspektivische Illusion durch die raffinierte Zeichnung eines Bandes aus rotem französischem Marmor mit Lapislazuli, das eine kleine Sonne inmitten einer Ellipse umgibt. Die äußeren geschwungenen Streifen aus Bardiglio sind schwarz eingefaßt und rahmen Blütenelemente aus gelbem Siena-Marmor. Der Untergrund aus parischem Marmor verrät an den Kanten, daß hier antike Säulen wiederverwendet wurden. Der dritte Treppenabsatz ähnelt mit seinen Rhomben und Tetraedern in starken Farbkontrasten auf einer rosafarbenen Fläche einem Seidenmantel mit Goldstickerei.

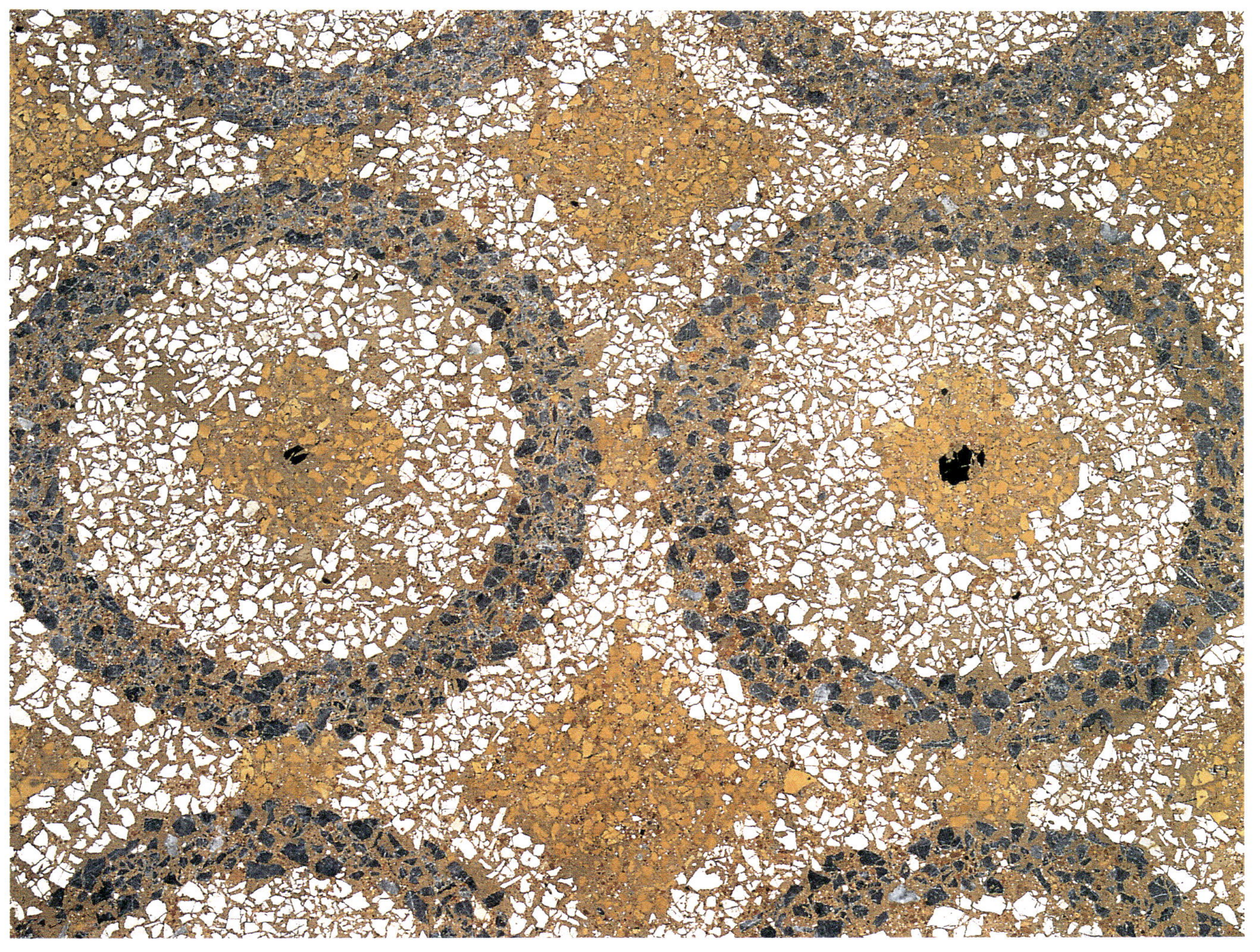

Der Belag des Apollonsaales ist mit Kreisen in Bardiglio, Blüten und Rhomben in gelbem Mori-Marmor und einem weißen Kieselgrund dicht gemustert; die Ecken und Randlinien zieren vegetabile Motive aus dem gleichen Material.

29 Palazzo Tiepolo Papadopoli

Um 1745

Giambattista Tiepolo, der die Freskenmedaillons und den Stuck für das Alkovenzimmer im zweiten Stock entworfen hat, scheint auch für die Steinbodenzeichnung verantwortlich zu sein. Gegenwärtig läßt sich nicht beurteilen, wieviel davon original erhalten beziehungsweise jenen umfangreichen Eingriffen zuzuschreiben ist, die Michelangelo Guggenheim und seine Schüler vom »Stabilimento d'arti decorative e industriali« 1874 im Sinne des aufkeimenden Jugendstils vornahmen. So berichtet ein Artikel in der *Gazzetta di Venezia* vom Ende des 19. Jahrhunderts, der »Palazzo Tiepolo aus dem 16. Jahrhundert« sei nun zum »Palazzo Papadopoli des 19. Jahrhunderts« geworden. Der pastellfarbene Grund mit weit gestreutem Harlekinmuster zeigt üppiges, gelb eingefaßtes weißes Blüten- und Muscheldekor, das die geschwungenen Bewegungen des Stucks vom Alkoven aufgreift.

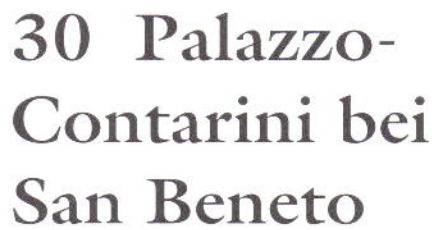

30 Palazzo-Contarini bei San Beneto

Um 1750

Im Inneren ist der Palazzo mit qualitätvollen Fresken namhafter Künstler wie Francesco Fontebasso und Gasparo Diziani, außerdem mit Stuck von Carpoforo Mazzetti Tencalla und dessen Schülern ausgestattet. Überdies verfügt er über Steinböden mit einer derart üppigen und raffinierten Zeichnung, daß man geneigt ist, deren Schöpfer mit den Künstlern der Decken und Wände zu identifizieren. Zwischen den bunten Blumenmotiven auf fein und grob gestreutem Terrazzogrund finden sich auch Liebesknoten und Voluten aus doppelköpfigen Schlangen in Cattaro-Rot, verbrämt mit belgischem Schwarz: Sie symbolisieren Glück und Wohlstand.

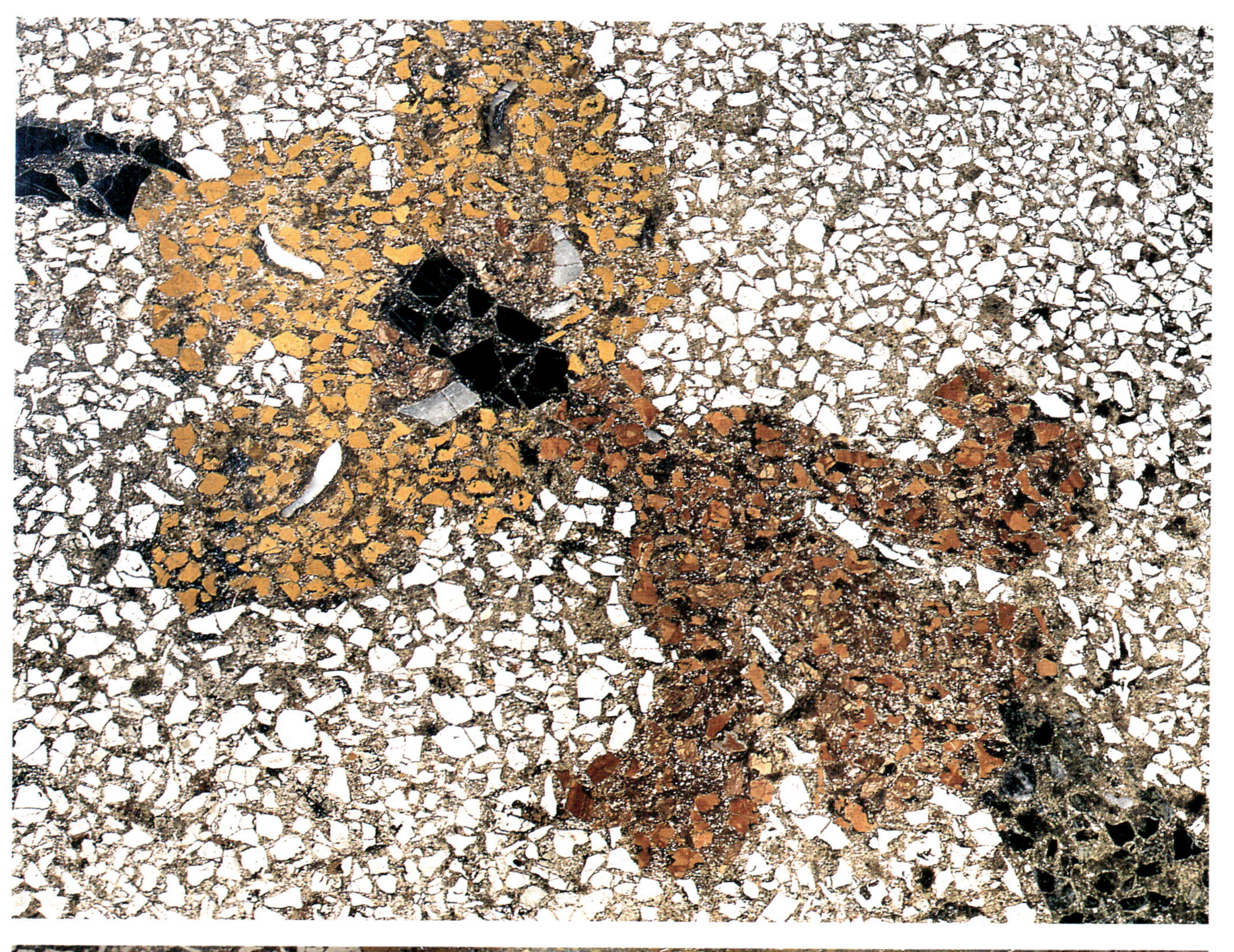

31 Palazzo Barbaro

Um 1750

»Glücklich und dankbar, daß die Wärme des südlichen Sommers noch in den hohen und üppig ausgestatteten Zimmern schwebt, in den Sälen des Palazzo, deren harte und frische Steinböden die Reflexe in ihren langlebigen Polituren eingefangen haben, und wo die Sonne vom bewegten Wasser aufblitzend gespiegelt durch die weit geöffneten Fenster auf den gemalten ›Sujets‹ der Decken spielt....« So erinnert Henry James in *The Wings of the Dove* – einem sogar in diesem Palazzo verfaßten Roman – an die Reflexe des Steinbodens im Speisesaal, eines hervorragenden Terrazzo mit großzügigem Dekor aus Blütenvoluten mit Perlmutteinlagen.

32 Palazzo Soranzo Piovene

Anfang des 16. Jahrhunderts

Der Hof wurde wahrscheinlich nach einem Entwurf von Sante Lombardo gestaltet. Er ist mit den typischen Platten aus euganeischem Trachyt gepflastert und mit einem Brunnen in der Mitte eines Achtecks aus istrischem Stein bestückt, von dem acht Strahlen ausgehen und in die Spitzen eines äußeren Achtecks münden, das seinerseits den Brunnenbereich eingrenzt. Vier runde Abläufe, ebenfalls aus istrischem Stein, garantieren das Auffangen von Regenwasser.

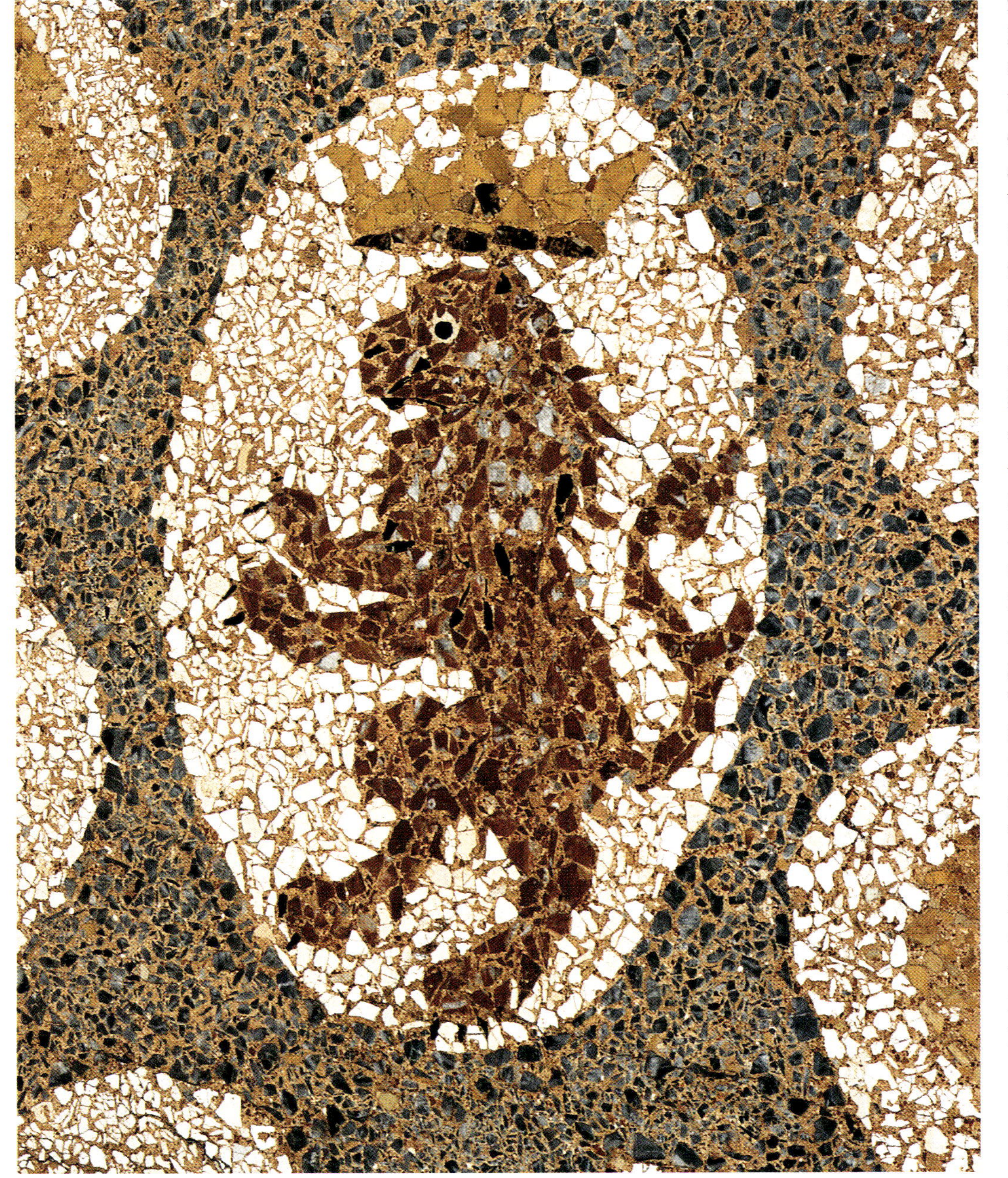

1753
Obwohl der Palazzo aus der Renaissance stammt, entstanden seine Steinböden erst in der Mitte des 18. Jahrhunderts anläßlich radikaler Umbaumaßnahmen als Terrazzo in Kalkmörtel. Unter den zahlreichen dargestellten Themen findet sich das Wappen der Familie Piovene im Allegoriensaal als eindrucksvolles Selbstzeugnis: ein aufsteigender Löwe aus rotem französischem Marmor mit Morigelber Krone in weißem Kiesbett. Den Boden des zum Canal Grande orientierten Ecksaals ziert dagegen ein meisterhaftes Mosaik nach spätantikem Vorbild. Neptun, den Dreizack in der Rechten, galoppiert auf einem grauen Pferd mit großen Flossen an den Vorderbeinen; vor ihm bläst ein Triton die Muschel, während – halb unter den Schwanzflossen des Pferdes verborgen – ein Sack zu erkennen ist, gefüllt vielleicht mit für die Seefahrt günstigen Winden. Wahrscheinlich soll die Szene den Ruhm der Familie Piovene beschwören, zu deren Vorfahren ein gewisser Guido zählte, Generalleutnant der Cavallerie, der bei der Belagerung von Nikosia 1570 den Heldentod erlitten hatte.

33 Ca' Tron

Um 1772

Streifen aus istrischem Stein betonen im Hof die Wasserrinnen und begrenzen die Brunnenzisterne. Zusätzlich ist die Fläche durch rhombenförmige Elemente gegliedert, die den Hof schmücken, als wäre er ein Saal mit vegetabilen Wänden. Im Inneren des Hauses verfügt der Ecksaal über einen Steinboden mit 88 Quadratmetern: Ihn rahmt ein Doppelband von Rhomben und Rauten in belgischem Schwarz und Alpingrün, von denen französisch inspirierte, ineinander verschlungene Pflanzenmotive aus gelbem Torri-Granulat und rotem Cattaro-Marmor ausgehen. Den weißen Kiesgrund zeichnen an den Eckpunkten vier geometrische Figuren aus, die einen Federbuschen in Cattaro-Rot auf einem mit Lapislazuli gepunkteten Bardigliofeld enthalten, während eine feine weiße Linie das goldgelbe Band hervortreten läßt, das durch einen Strahlenkranz aus grünen Blättern abgeschlossen wird.

34 Gallerie dell'Accademia

1755–66

Die Steinböden der Sala del Capitolo und der Treppenabsätze sind Bernardino Maccaruzzi zuzuschreiben; sie entstanden Mitte des 18. Jahrhunderts als Abschluß der beträchtlichen Renovierungsarbeiten. In dem großen, an San Marco inspirierten Saal dominiert auf grauem, weißem und schwarzem Grund ein Netz aus gebrochenen Linien, das markante geometrische Muster erzeugt, darunter das ungewöhnliche Motiv von einander überlappenden Blüten: ergeben sich te dem Verflechte schiedener farbintensiver Marmorarten, teils aus dem Kontrast zwischen dem weißen Trani-Marmor mit dem *Broccato* aus Verona. Konventioneller erscheint dagegen der Treppenabsatz mit der perfekten Symmetrie seines Blumenmotivs in Gestalt eines zwölfzackigen Sterns.

35 Casino Venier

1760

In Venedig galt das Casino als Ort für galante Begegnungen, schöngeistige Konversationen und Glücksspiele. Wohl durchdacht bis ins kleinste Detail mußte der Raum also Raffinesse und insbesondere Diskretion gewährleisten; und beides förderten die Steinböden. Die schlichten, doch eleganten Fußbodenmuster aus kostbarem Marmorcommesso sind Bernardino Maccaruzzi zuzuschreiben und an San Marco inspiriert. Der Effekt des *Trompe-l'œil* ist hier einem ausgewogenen Farbenspiel mit weißem Carrara-Marmor, afrikanischem Grau und Schwarz, Torri-Gelb und Veroneser Rot zu verdanken. Und was die Diskretion angeht: Wodurch wäre diese besser garantiert als in dem anonymen Aussehen eines Bodens, der im Bedarfsfall zum praktischen, exakt über dem Eingang plazierten Guckloch werden konnte.

36 Libreria Marciana

1776

Mit dem Fall der Republik Venedig und dem Beginn der österreichischen Herrschaft wurden die Procuratie Nuove und die Bibliothek zu einer kaiserlichen Residenz umgewandelt. So ließ im Jahr 1815 – 45 Tage vor dem Besuch von Kaiser Franz I. von Österreich – der Verwalter des Königlichen Palastes mit der ausdrücklichen

Erlaubnis des Generalgouverneurs Graf de Goess den schadhaften Terrazzoboden der Libreria komplett ersetzen, anstatt diesen zu restaurieren. Angesichts der Zeitknappheit griff man auf den mehr als 1000 m² großen Boden aus der Sala Maggiore der Scuola della Misericordia zurück, den 1739 der *tajapiera* Angelino Canciani und der Bildhauer Francesco Bonazza im Auftrag des Guardian Grande angefertigt hatten. Da dieses Material reichlich vorhanden war, beschloß man, in der Eingangshalle nur das zentrale Motiv zu verlegen: die große Windrose aus Carrara-Marmor und belgischem Schwarz, umgeben von konzentrischen Ellipsen in Torri-Gelb und Carrara-Weiß. Auf dem doppelten Absatz von Jacopo Sansovinos Treppe blieb dagegen der originale Steinboden von 1559 erhalten, den der Meister selbst entworfen hatte: Dort wechselt sich orientalischer Komposit-Marmor, 1541 vom Architekten selbst aus Pola herbeigeschafft, mit schwarzen Porphyrelementen ab, es entstehen sternförmige Muster auf weißem Grund aus Trani-Marmor.

Die verbliebenen Bodenfragmente aus der Sala Maggiore der Scuola della Misericordia wurden für die Sala Dorata verwendet: eine Sequenz von Quadraten aus Carrara-Marmor, die diagonal in ein Netz aus grünem Marmor aus Kalabrien und Glimmerschiefer aus Gorizia eingepaßt sind; darauf stehen die wertvollen Vitrinen mit den seltensten Büchern und Handschriften, darunter auch das berühmte Grimani-Brevier.

37 Palazzo Loredan bei Santo Stefano

1760

Das Innere des Palazzo erfuhr zahlreiche Umbauten. Den ersten veranlaßte der Doge Francesco Loredan 1760, im gleichen Jahr, als der Steinboden des Ankleidezimmers verlegt wurde. In diesem Raum setzen sich die stuckierten Wände gedanklich in der Bordüre des Bodens fort, während die aufwendige Umrandung den Rahmen der Decke wiederholt; im Zentrum vervollständigt eine goldgelbe Fläche das Spiel der Spiegelungen, indem sie mit dem darüberstehenden Fresko korrespondiert.

1807
Als man 1806 den Palazzo zum Wohnhaus von General Baraguay d'Hilliers, dem ersten französischen Gouverneur in Venedig, umgestaltete, veränderte auch der heutige Bibliothekssaal sein Aussehen; dabei wurde der Steinboden zu einer einzigen goldgelben Fläche, die lediglich einen Rahmen mit großen weißen, grau umrandeten Blütenblättern im damaligen Zeitstil aufweist.

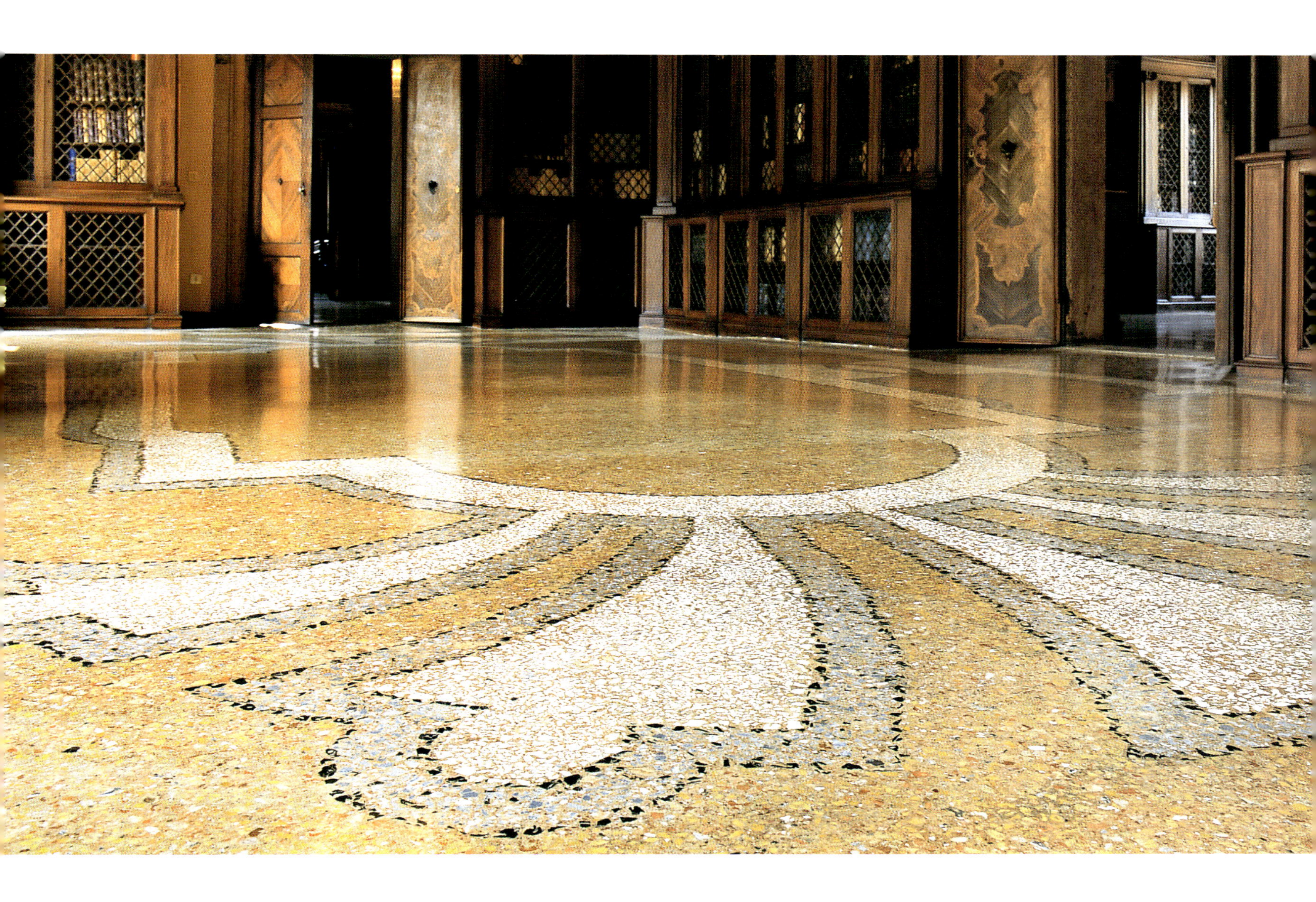

38 Palazzo Vendramin bei »I Carmini«

1770–75

Der Terrazzoboden des Empfangssaals wetteifert mit dem das zentrale Deckenfresko rahmenden Stuck. Vier konzentrische verschnörkelte Bänder, alternierend in Torri-Gelb und Verona-Rot, umschließen die weiß gepunktete Mittelrosette mit ihren verflochtenen Blüten aus Bardiglio-Grau, Torri-Gelb, Alpingrün und Cattaro-Rot sowie die Voluten zwischen den einzelnen Streifen.

Geometrisch-illusionistisch geprägt ist dagegen der Steinboden des Spiegelkabinetts. Dort gliedern verschlungene Girlanden aus Mori-Gelb um eine zentrale Margerite die raffinierte Rhomben-Komposition aus weißem Kiesel, grauem Karst und Veroneser Rot. Im kleinen Salon ist der Boden in Harlekinmuster gestaltet, bestehend aus von Hand geschnittenen Splittern: Diese nur in Venedig gebräuchliche Technik wurde ihrer hohen Kosten wegen nur selten eingesetzt. Zusätzlich zieren den Boden Perlmutteinlagen.

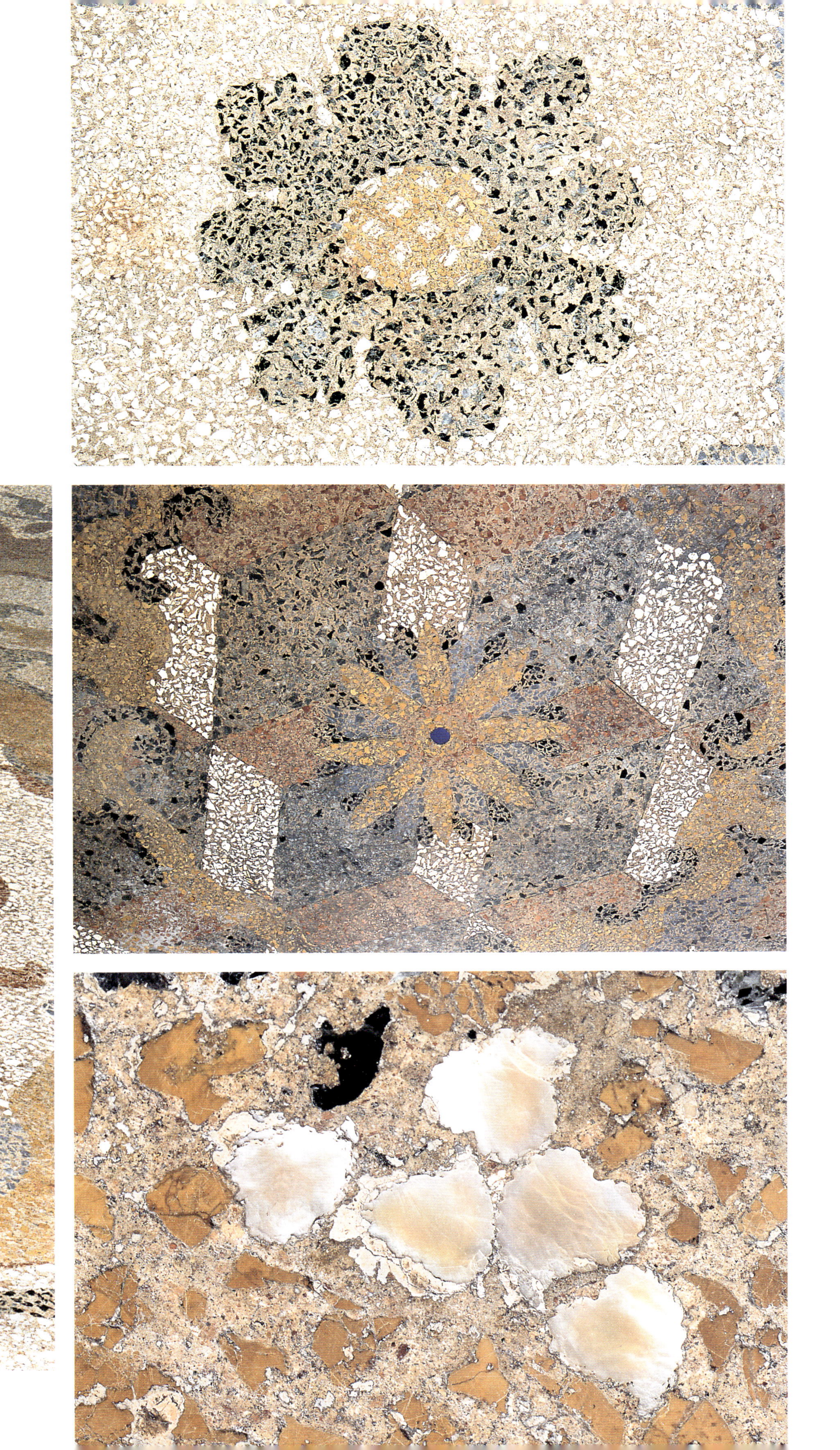

39 Palazzo Bonfadini Vivante

1776

Der zum Canal Grande orientierte Saal besitzt einen Terrazzoboden mit weißem Kieselgrund und einem schwarz eingefaßten Band aus Veroneser Rosa. Sein Zentrum füllt ein Papagei mit einem Körper aus Isco-Schwarz, Lapislazuli-blauen Flügeln und einem Perlmuttauge; dieses Symbol der Weisheit sitzt auf einem Zweig mit exotischen Früchten in Veroneser Rosa. Solche Motive dokumentieren den damals sehr beliebten orientalisierenden Trend.

40 Casa Alberti

Zweite Hälfte des 18. Jahrhunderts

Im Piano Nobile dieses gegen Ende des 18. Jahrhunderts umgebauten Hauses aus dem Cinquecento übernehmen einige Terrazzoböden in ihrer Musterung die Formen der Stuckdekorationen an Decken und Wänden. Der älteste Steinboden liegt in jenem Teil des Gangs, der zum Innenhof orientiert ist; dort entwickelt sich auf hellem Grund ein Zentralmotiv mit Arabesken zu einem lockeren Muster. Einige Jahre später entstand im Eckzimmer ein Boden, dessen Mitte ein kleiner asymmetrischer Steingarten mit Blumen einnimmt: Im Vordergrund symbolisiert ein Frosch die Fruchtbarkeit, während ein Pelikan als Sinnbild des Überflusses auf einen gewundenen Baum mit roten Beeren gleitet.

41 Palazzo Mocenigo bei San Samuele

1788

Das aufwendigste und großflächigste venezianische Wappen findet sich mit gut 6 m² in jenem Palazzo, der einst Lord Byron beherbergte. Eingerahmt von einem Band aus schwarzem belgischem Granulat und Lapislazuli sowie Ranken aus Verona-Rosa und Cattaro-Rot, besitzt die Darstellung in der Krone Einsprengsel von Lapislazuli und Goldmosaiksteinchen. Das Mittelfeld dominieren zwei Kieseltönungen, nämlich weiß und grau, gegen die sich zwei Rosen als Symbol der Familie Mocenigo abheben.

42 Palazzo Mocenigo bei San Stae

1787

Dieses typische Beispiel eines Patrizierhauses aus dem 18. Jahrhundert ist auch in seiner Innenausstattung völlig intakt erhalten geblieben, zu der die exquisit dekorierten Steinböden in zwei Sälen gehören. Von dem weißen Kieselgrund des grünen Salons hebt sich das Wappen des Adelsgeschlechts ab, das durch die Kombination verschiedener Marmorarten wiedergegeben ist: Rot aus Cattaro, belgisches Schwarz und Alpingrün, zusätzlich belebt durch die glitzernden Einschlüsse von Perlmutt, Lapislazuli und Goldmosaik. Im roten Salon besteht der Steinboden dagegen aus einem aufwendigen Belag, der in einem Grund aus Kalk und gestoßenem Ton elegante vegetabile Motive aus weißem Kiesel, Alpingrün, Korallrot aus Verona vereint und diese mit afrikanisch-grauem Marmor umrandet.

Unten:

43 Haus bei Santo Stefano

Um 1830

Die Bestätigung, daß dieses Gebäude der Familie Cavalli gehört hat, ist dem spektakulären Wappen im Erdgeschoß zu entnehmen. Ausgestattet mit Helmzier, Hellebarde, Standarten und zwei Pferden, tritt dieser Wappenschild in der Mitte der Eingangshalle durch die roten, schwarzen und grauen Marmorarten im Kontrast zum weißen Kieselgrund deutlich hervor.

44 Café Florian

1858

Das Glasmosaik entwarf vermutlich Lodovico Cadorin, der auch die Räumlichkeiten wiederherstellte. Der Steinboden zeigt, eingebettet in ein goldgelb umrandetes Feld, einen amüsanten Markuslöwen, der zwischen dem Wasser, angedeutet durch grünliche Glassteinchen, und einem Himmel aus dunkelblauen Steinchen steht.

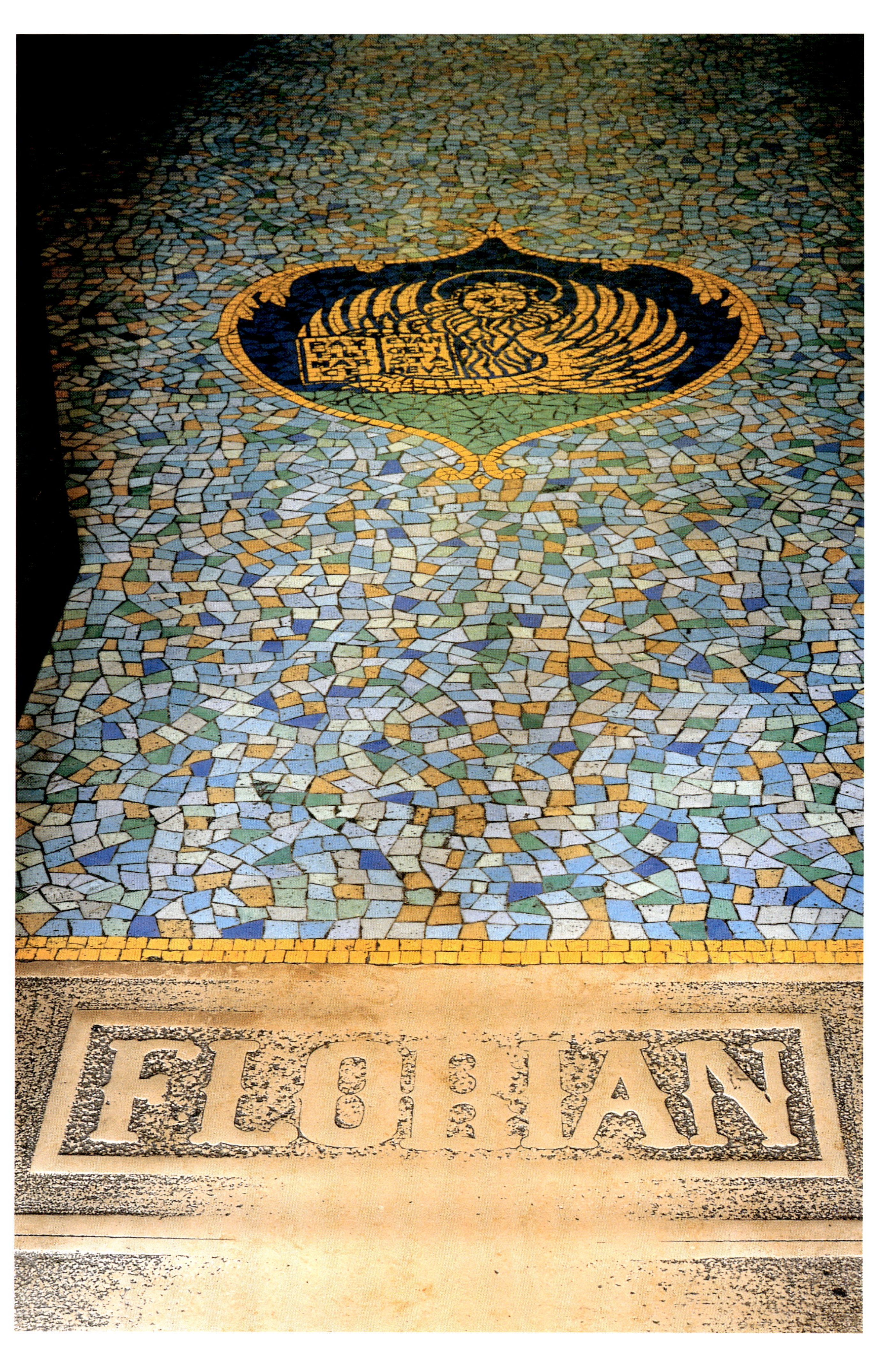

45 Palazzo Cavalli Franchetti

Um 1880

Die Eingangshalle, umgebaut von Carlo Matscheg, ist ausgestattet mit einem Marmorcommesso aus spindelförmigen Elementen in dunkelgrauem Bardiglio, Nembrogelb aus Verona und gebrochenem Weiß, deren Ineinandergreifen ein unverkennbar neogotisches Muster bildet. Die originelle Anordnung und eine entsprechende Farbkombination sollen bewußt die Illusion einer Welle erzeugen, die vom Canal Grande aus ins Innere dieses Palazzo hereinzuschwappen scheint.

46 Ca' Venier Contarini

1892

Der Boden des zentralen Empfangssaals wird von einem äußeren Band in Veroneser Rosa umschlossen, während im weißen Kieselgrund geometrische Elemente aus grauem Karst eingebettet sind, die ihrerseits schwarz eingefaßt sind. In der Mitte markiert ein Kreuz aus Torri-Gelb mit vier kleinen schwarzen Kugeln die vier Himmelsrichtungen, beseitet von vier Blüten in den Zwischenflächen. Auf der Treppe zum zweiten Piano Nobile ist in Marmormosaik das Entstehungsdatum des Steinbodens festgehalten.

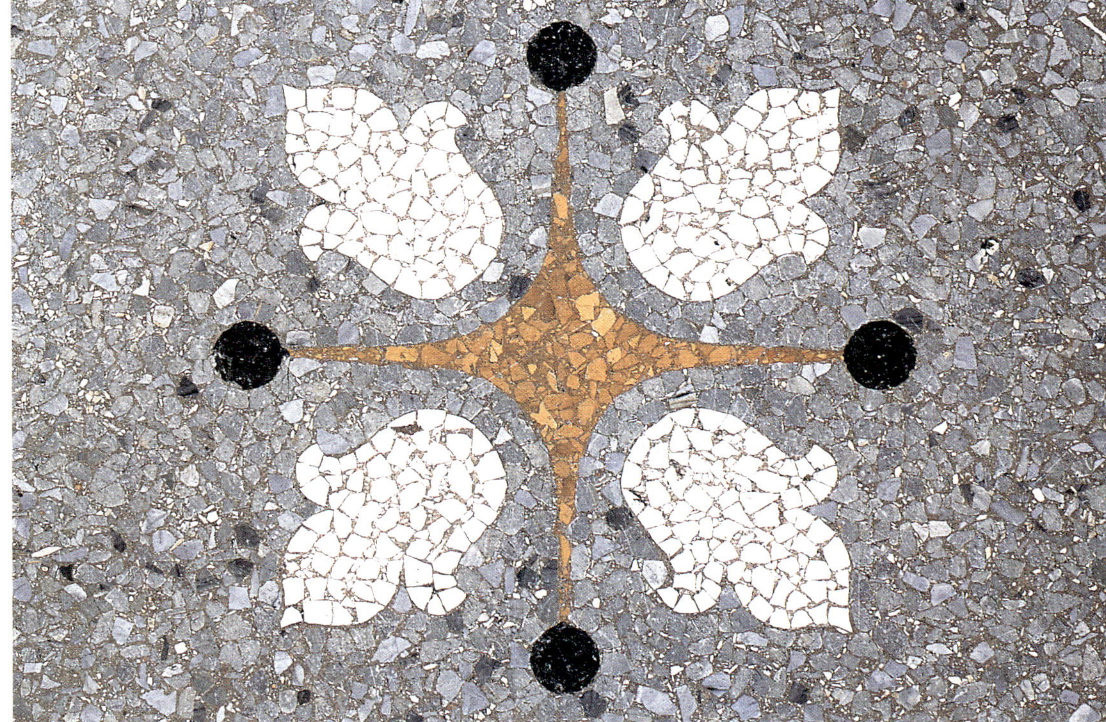

1892

47 Palazzo Corner Contarini Cavalli

1890

Das Bauwerk, ebenfalls im Besitz der Familie Cavalli, wurde mehrmals umgebaut und verändert; dabei erhielt es gegen Ende des 19. Jahrhunderts eine neogotisch geprägte Innenausstattung. Aus jener Zeit stammt der raffinierte Steinboden im Empfangssaal, der 1983 exemplarisch restauriert wurde. Verwirklicht in der Technik des Terrazzo, das heißt durch Einstreuen in Kalkmörtel, und mit eingelegten Bändern präsentiert sich dieser großflächige Belag mit einem Granulat aus weißen, sehr feinen Marmorstückchen; ihn umranden Streifen aus Torri-Gelb, die wiederum von einer doppelten Reihe aus türkisfarbenem Glasmosaik begrenzt sind. Aus Glasplättchen bestehen auch die kleinen dekorativen Sternchen.

48 Banca Commerciale Italiana

Um 1893

Als charakteristisches Beispiel für den bürgerlichen Manierismus birgt das Gebäude wunderschöne, technisch hochrangige Steinböden. Den zentralen Empfangsraum im zweiten Stock prägt ein feinkörniger Terrazzo mit klassizistischer Zeichnung, die sich auf die Einteilung der Holzdecke bezieht. Das Mittelband zieren Felder aus antikem Kompositmarmor, während die perspektivische Illusion im Inneren des Mittelquadrats mit seinem sternförmigen Motiv dadurch entsteht, daß die weißen gebrochenen Linien von Grau begleitet werden, so daß auf dem dunklen Grund komplexe geometrische Figuren lebendig werden.

Alle Pavimente des Gebäudes dokumentieren ganz bewußt in modernen Zeiten den Formenschatz und die aufwendigen Techniken traditioneller venezianischer Marmorböden. In der Eingangshalle erinnert der große Mittelstern mit Strahlenkranz aus grünem orientalischem Marmor in seiner Typologie an frühe perspektivische Entwürfe, während das Prinzip, die Deckengesimse zu reflektieren, den delikaten Terrazzobelag des Mittelsaales im oberen Stock beherrscht.

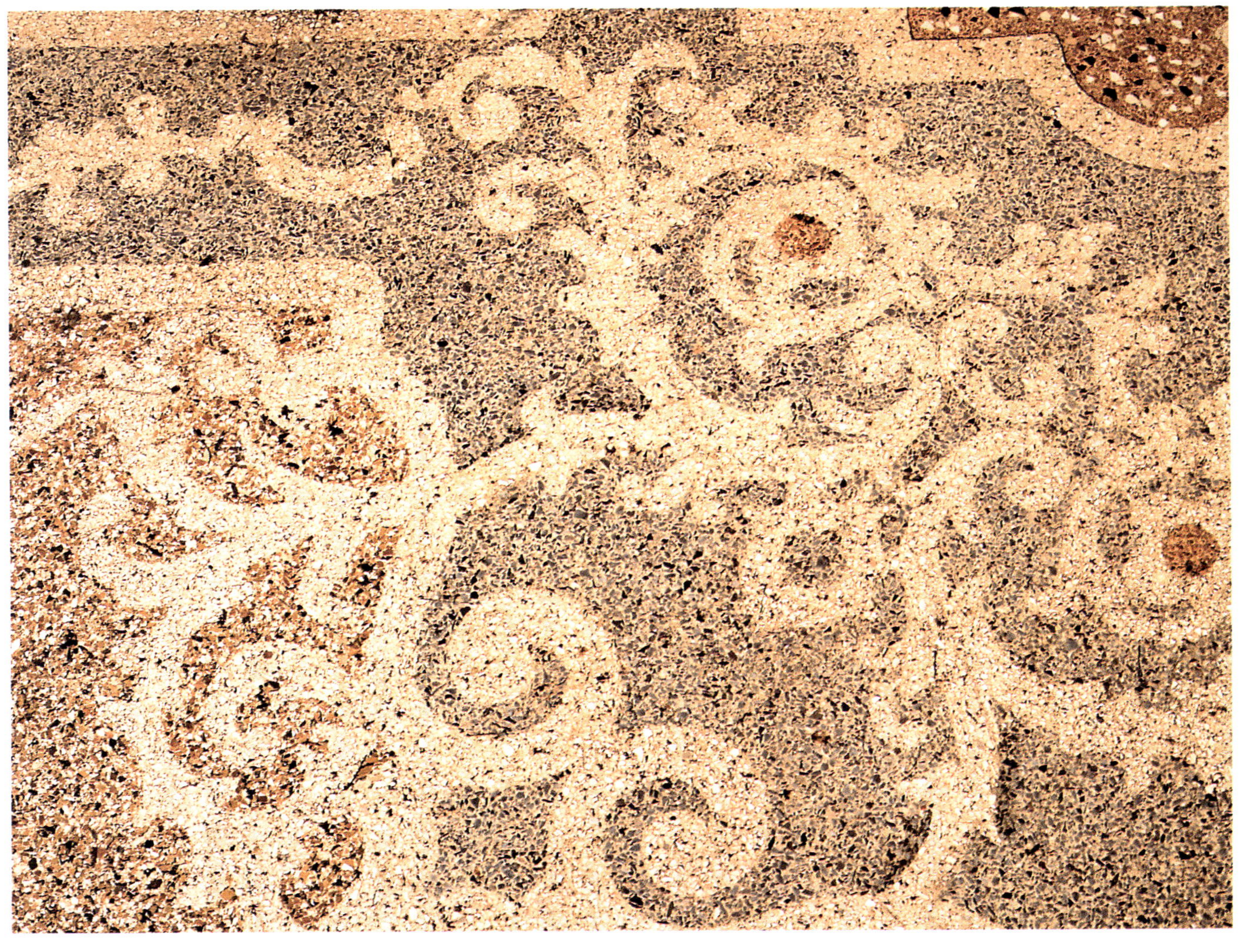

Durch den Einsatz von Schablonen konnten hochqualifizierte Meister die kompliziertesten Rautenmuster und Blumenmotive auf den Gipfel technischer und geometrischer Perfektion treiben, wie bei diesem kostbaren »Spitzentaschentuch«, das klar an Vorbildern des 18. Jahrhunderts inspiriert ist und sich im rechten Seitensaal befindet: Von einer stilisierten Blüte in der Mitte einer Raute gehen unzählige Strahlen aus weißem Kiesel und eine kunstvolle Arabeske aus.

49 Ca' D'Oro

1896

Nachdem Baron Giorgio Franchetti das Gebäude gegen Ende des 19. Jahrhunderts erworben hatte (die Asche dieses einzigartigen Mäzens ruht unter dem Porphyr-Säulenstumpf), wurden die düsteren neogotischen Zutaten des Giambattista Meduna aus der Mitte des 19. Jahrhunderts entfernt, und der Palazzo erhielt wieder seine ursprüngliche Leichtigkeit und Pracht. Auch die Steinböden wurden komplett überarbeitet; anscheinend hat der Baron unter dem Eindruck der Intarsien von San Marco das reiche Mosaik in *Opus sectile* und *Opus tessellatum* für das Erdgeschoß persönlich zusammengestellt.

Die geometrischen Muster aus Kreisen, spitzen Formen sowie eingelegten Plättchen und Tondi entstehen durch das Nebeneinander von kostbaren, vorrangig orientalischen Marmorarten auf einem Mosaikgrund. Porphyr, Serpentin, Splitt, Muschelmarmor, Granit, parischer und Carrara-Marmor sind die Materialien, die den geübten Händen des Barons wie Farben auf der Palette eines

Malers ermöglichten, bunte Beläge von auserlesener Schönheit zu »malen«. Dieser meisterhaft gestaltete Boden fand seinen außergewöhnlichen Bewunderer in Gabriele d'Annunzio, der ihn im Juli 1896 folgendermaßen beschrieb: »Ich blickte durch den Türflügel im Erdgeschoßsaal und bückte mich gemeinsam mit Giorgio Franchetti und Angelo Conti; und ich sah mich auf den Knien wie einen Handwerker, der in den Gipsmörtel Porphyr und Serpentin einlegt, um den Mosaikboden zu erneuern... Wir traten ein... und nichts hatte sich verändert. Ich lief nicht auf dem Mosaik, als hätte ich Angst, auf meine eigenen Hände zu treten... Es waren jedoch die Bruchsteine, Platten und ungeschnittenen Marmorscheiben vorhanden... Taumelnd gingen wir über den unvollendeten Boden des venezianischen Saals, der seine ehemalige Weiträumigkeit wiedergewonnen hatte.«

50 Haus bei Santa Maria della Salute

1935

Nach alter venezianischer Tradition war Fabrizio Clerici, der planende Architekt des gesamten Gebäudes, auch für den Entwurf des Steinbodens persönlich verantwortlich; hierfür interpretierte er klassische Motive neu und verwendete die drei altbewährten Fußbodentypologien (Commesso, Terrazzo und Mosaik) für die drei verschiedenen Teile des Hauses. Auf der Terrasse sind im traditionellen unregelmäßigen Mosaik aus perlgrauem Kiesel auf weißem Grund die üppigen Marmorranken der Kirchenwände von Santa Maria Assunta dei Gesuiti wiederholt.

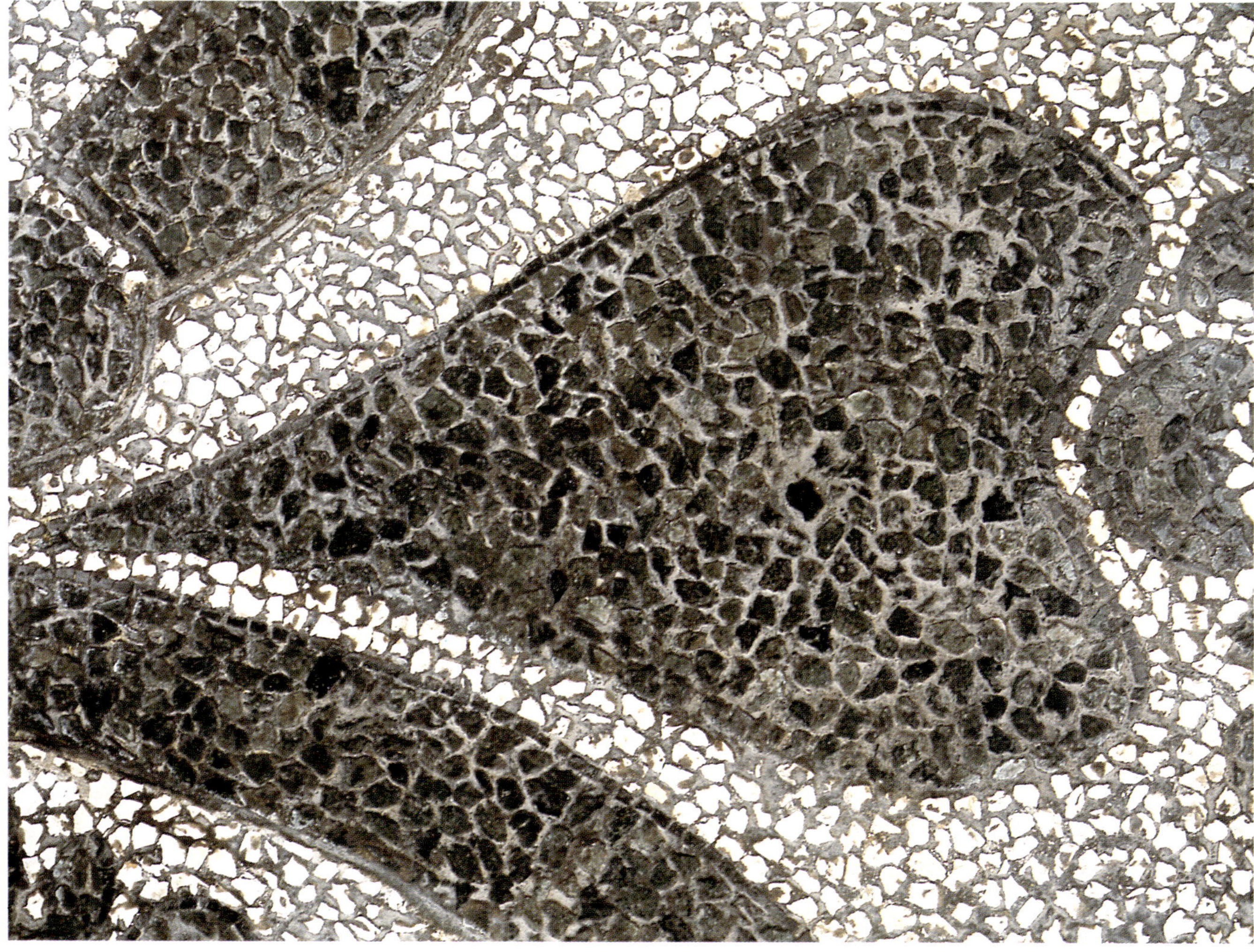

Die Eingangshalle ist mit einem Commessoboden aus weißem Marmor und großzügigen vergoldeten – gleichsam barock anmutenden – Blumenmotiven ausgestattet. Ein Terrazzoboden ziert dagegen den Raum im ersten Stock, der wegen der zwölf an den Wänden hängenden Monatsdarstellungen auch Maggiotto-Saal heißt. Hier bezieht sich die sternförmige Rosette aus weißem Marmor und mit goldenen Strahlen motivisch auf den Alkoven des Palazzo Tiepolo Papadopoli.

Im Speisesaal prägt das markante Sternmotiv vom Zentrum des Terrazzobodens teilweise auch die Ränder. Aus vergoldeten Einlagen und Lapislazuliverzierungen entwickelt sich eine eindringliche, raffinierte Gestaltung, die auch an der Tischplatte wiederholt wird. Und wenn die Wasserspiegelungen durch die als Fenster fungierenden Schauvitrinen mit Porzellan hereindringen, dann flammen die Marmorflächen zu einem stetig bewegten Licht- und Schattenmuster auf.

51 Hotel Bauer Grünwald

1938

In einem der Räume des modernen neogotischen Gebäudes, das Giovanni Sardi 1890 erbaut hat, findet sich ein aufwendiger Terrazzoboden im Stil des 18. Jahrhunderts. Wie ein monumentales Tischtuch breiten sich großflächige Farbfelder aus, die mit feinem, vegetabilem Dekor auf einem Grund in Harlekinmusterung aus Verona-Rot und Bardiglio-Grau wechseln.

52 Hotel Cipriani

1956

Eine der Hotelsuiten verfügt über einen schlichten Terrazzoboden mit feiner Harlekinmusterung in den verschiedenen Rotnuancen von Veroneser Marmor. Ihn beleben vier Delphine mit Dreizack, gebildet aus größeren Steinchen aus Cattaro-Marmor, die in weite Kreise gestellt sind.

53 Laden am Markusplatz

1957–58

Das Mosaik aus roten Glaspastenplättchen, die in unregelmäßigen Abständen auf hellem Zementgrund liegen, basiert auf einem originellen Entwurf von Carlo Scarpa, der damit das durch die großen Fensterscheiben vom Markusplatz her in den Laden einfallende Licht zu bannen und zu reflektieren suchte. Wenn der Boden außerdem während der häufigen Fluten von einer Wasserschicht bedeckt ist, wird er lebendig und zu einer Art beweglichem Spiegel, der gewissen malerischen Experimenten von Paul Klee nahekommt.

54 Fondazione Scientifica Querini Stampalia

1961–63

Wenn das Jahrtausendproblem Venedigs die Verteidigung gegen Hochwasser darstellt, so konnte sich nur ein Venezianer vom Schlage eines Carlo Scarpa einen Steinboden ausdenken, der das tückische Element in sich aufnimmt. In einem höchst einfallsreichen Spiel mit kleinen Stufen und parallelen Laufgräben transferiert Scarpa das Motiv von unstetem Wasser in die geometrische Gestaltung eines Steinbodens, in den er kleine, verschiedenfarbige Marmorfelder integrierte, wie die Veroneser Rosa- und Pflaumentöne, Carrara-Weiß und Alpingrün.

STAMPALIA
FONDAZIONE
25 MAGGIO 1869

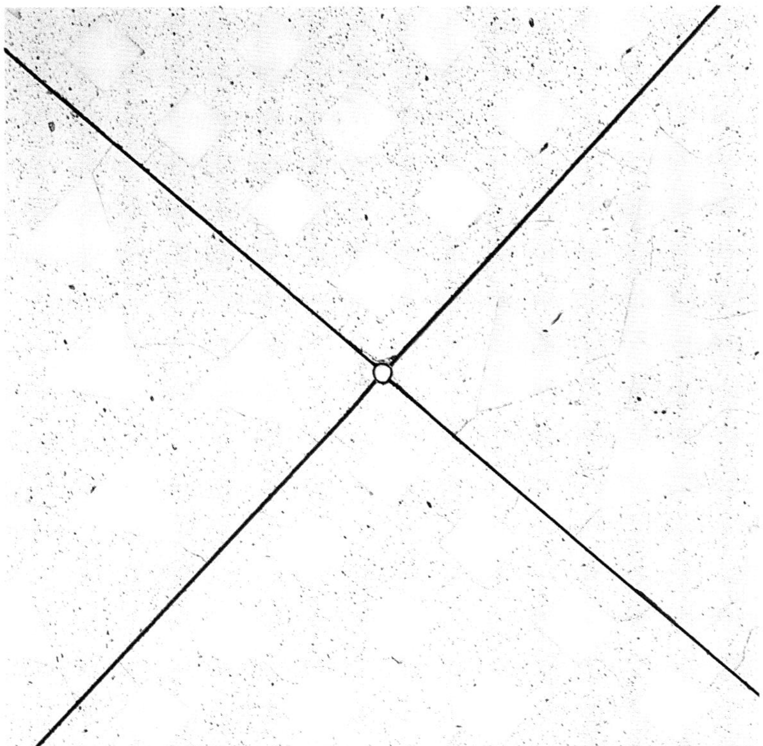

55 Palazzo Remer

1986

Zwar folgt dieser Steinboden der alten Technik »alla veneziana«, doch präsentiert er moderne Dekorationsmotive: Breite Streifen mit dreieckigen und quadratischen Elementen aus weißem Lasa-Marmor sind in ein Sand-Zementgemisch eingebettet. Die Zwischenräume zwischen den einzelnen Formen füllt eine Masse aus Kies und Zement.

56 Palazzo Albrizzi

1986

Die alte Mansarde, von der aus man die ganze Stadt überblickt, ist heute Wohnung und Meditationsort eines Musikers. Als wolle er den verwinkelten Irrgarten der darunterliegenden venezianischen Kanäle nachvollziehen, bietet der Terrazzoboden ein Labyrinth aus weichem Sandstein aus Vicenza. Die glatten, leicht erhabenen Stege, entworfen von Antonio Foscari und Ferruccio Franzoia, erscheinen und verschwinden je nach den Reflexen von Sonne oder Regen auf dem bossierten Grund.

57 Palazzo Lezze bei Santo Stefano

1990

Typisch venezianische Materialien wie Glas, Holz, Ziegel und Trachyt sind die unbestrittenen Protagonisten dieser Verflechtung von Innen- und Außenraum. Von der Eingangshalle führen die langen Linienzüge aus poliertem Trachyt, der traditionell nur im Freien verwendet wird, in den angrenzenden kleinen Hof hinaus und evozieren räumliche Tiefe, als deren Brennpunkt der Brunnen fungiert.

58 Hotel Luna

1992

Inspiriert an den Marmorinkrustationen venezianischer Kirchen und Bruderschaftsbauten, wurde dieser Steinboden von den Architekten Carlo Aymonino und Gabriella Barbini für eines der ältesten Hotels der Stadt entworfen. Er präsentiert eine Reihe von typischen perspektivischen Spielen, die Tiefe erzeugen und den Innenraum vervielfachen.

59 Laboratorio Orsoni

1996

Die goldenen und perlgrauen Mosaiksteinchen für den Steinboden der Verwaltungs- und Repräsentationsräume der Firma Angelo Orsoni bestehen aus Glaspaste. Die Zeichnung folgt den exakten Vorgaben des Künstlers der Familie, Lucio Orsoni, der auch die bunte Wandtäfelung schuf.

Wie ein langer, ungestümer Flußlauf überschreitet das Schmuckmotiv des Steinbodens die physischen Grenzen des Zimmers: So entwickelt es sich in seiner Länge über gut drei Räume hinweg und läßt sich auch durch die mächtigen Holztüren nicht aufhalten.

Folgende Seiten:

Loggia des Dogenpalastes: Die typisch venezianischen Terrazzoböden aus Gipskalkmörtel und Marmorstückchen passen sich elastisch und spielerisch dem wogenden Rhythmus der weiten Flächen an und spiegeln die Lichtreflexe vom Wasser wider, die durch die spitzenartigen Bogenreihen fallen.

ZIO GONDOLE

Anhang

Historischer Apparat

1 SAN MARCO

9. bis 16. Jahrhundert
Steinboden in Opus sectile *und* Opus tessellatum
Piazza San Marco

»Die Kirche San Marco präsentierte sich mir nicht einfach als ein Monument, sondern als Endpunkt einer Frühlingsfahrt über die Meeresfläche, mit der die Kirche zu einer unauflöslichen, lebendigen Einheit verschmolz. Meine Mutter und ich traten in das Baptisterium ein und beschritten beide das Marmor- und Glasmosaik des Bodens.« So öffnet Marcel Proust in *La Fugitive* die Pforten zum Markusdom. Noch heute ist es möglich, auf den 2098,8 Quadratmetern kostbarer Plättchen mit ihren tausend Reflexen zu laufen, die voller Symbolik und Suggestionskraft sind. Die Gestaltung in *Opus sectile* – sie betont die unterschiedlichen Raumfunktionen – geht wahrscheinlich auf die dritte Kirche zurück; diese ließ der Doge Domenico Contarini 1071 vollenden und nannte sie Dogenkapelle. Das Datum hat Francesco Sansovino gegen Ende des Cinquecento auf einem Gedenkstein in der Vorhalle entdeckt. Vom 11. bis 12. Jahrhundert arbeiteten in San Marco zunächst Meister aus dem Orient, die ihre Techniken und Vorlagen mitbrachten; später kamen die Handwerker aus dem Raum Ravenna und schließlich aus Venedig selbst. Die Technik des *Opus sectile*, bereits von Vitruv und Plinius dem Älteren ausführlich beschrieben, ist sehr kostspielig, da das Material sowohl sehr wertvoll als auch schwer zu bearbeiten ist. Stein von besonderer Härte, Resistenz, Struktur und Dicke – wie Porphyr, Serpentin, Chalzedon, Lapislazuli und Malachit – wurde von hochspezialisierten Künstlern sorgfältig ausgewählt und aufbereitet: So fertigten sie jene Teilchen, die man für das Zusammenfügen präziser geometrischer Muster benötigte, in die dann die kleinen Felder in *Opus tessellatum* (Mosaik) eingepaßt wurden. Aus diesen einzigartigen Bildmotiven, die nach und nach wegen ihrer Fragilität ausgetauscht wurden, sind die jeweiligen Stilformen und Techniken aus der Zeit der Erneuerungen abzulesen, die übrigens gelegentlich sogar die Ikonographie verändert haben. Im Mittelschiff bedecken Platten aus Proconnesus-Marmor, umrahmt von Rauten und Kreisen, die von drei Kuppeln beleuchtete Fläche, während in den Seitenschiffen ein durchgehender Streifen symmetrische Achtecke aus kleinen Dreiecken einfaßt. Die Heiligkeit der Dogenkapelle manifestiert sich außerdem durch einen Überfluß an Porphyr – ein Material, das für die Kaiser von Byzanz die Unsterblichkeit symbolisierte.

2 SANT'ILARIO

9. Jahrhundert, heute zerstört
Zeitgenössischer Mosaikboden
Fragmente, ausgestellt im Hof der Procuratie Nuove auf dem Markusplatz

Historische Quellen berichten, daß die Benediktiner der Insel San Servolo das Kloster 818 oder 819 dank einer Schenkung des Dogen Angelo Partecipazio gegründet haben. Das Gebäude – im 13. Jahrhundert verlassen wegen der Kontroversen mit der Stadt Padua, deren Abwässer kontinuierlich die Zone überfluteten – besaß den Grundriß einer dreischiffigen Basilika ohne Querhaus. Vier Fragmente des Mosaikbodens, freigelegt bei Grabungen zwischen 1873 und 1885, erlauben eine Datierung des Bodens ins 9. Jahrhundert; allerdings läßt sich ihr Muster nicht mehr rekonstruieren, das eine raffiniertere Variante des Kirchenbodens von Gazzo Veronese dargestellt haben dürfte.

3 SAN LORENZO

1592–1617, Simone Sorella
Steinboden des 12. Jahrhunderts in Opus sectile *und* Opus tessellatum, *freigelegt während der Grabung durch die »Soprintendenza ai beni ambientali e architettonici« von Venedig*
Castello, Campo San Lorenzo

Sansovino beschreibt die Anfänge von San Lorenzo folgendermaßen: »Angelo Partecipatio, der im Jahr 809 Doge war, baute San Lorenzo und San Severo auf den Inseln, die man Gemelle (Zwillinge) nannte, und überließ sie den Fratres als Bleibe. Doch Orso – Sohn des elften Dogen Giovanni, Enkel von Angelo und selbst Bischof von Olivolo – brachte im Jahr 841 dort Nonnen unter, zu deren Äbtissin er seine Schwester Romana bestimmte. In seinem Testament vermachte er die Kirche San Severo... und alle umliegenden Gebäude den Benediktinerinnen aus vornehmen Familien«. Die Kirche war reich an Ausstattung, Reliquien und Grabstätten, darunter unmittelbar an der Gasse jene von »Marco Polo, der mit Beinamen ›Il Milione‹ hieß.« Nach diversen Umbauten erscheint der Bau heute in seiner Gestalt von 1592 mit unvollendeter Fassade: ein Werk des Simone Sorella. Der prächtige Altar von Gerolamo Campagna trennt das Kircheninnere in zwei Bereiche, wovon einer den Nonnen in Klausur vorbehalten war, während sich im anderen die breite Masse versammelte. Die Kirche war bereits zur Zeit der napoleonischen Auflassungen ihrer wertvollen Ausstattung beraubt worden und erlitt bei Bombenangriffen im Ersten Weltkrieg schwere Schäden. Dennoch hat man erst kürzlich mit Sicherungsarbeiten begonnen und dabei 1987 in der Tiefe von 175 cm einige Bodenrelikte in *Opus sectile* und *Opus tessellatum* wiedergefunden. Von besonderem Interesse ist ein Fragment mit Inschriften zwischen zwei Bogenreihen, das die Erneuerung des Bodens dokumentiert. Aufgrund stilistischer und typologischer Merkmale in Entwurf und Verarbeitung – hier zeigen sich starke Parallelen zu den Steinböden von San Marco, San Zaccaria und San Donato – ist als Entstehungszeit die zweite Hälfte des 12. Jahrhunderts anzunehmen. Dieses Mosaik bedeckt noch heute in unbestimmter Größe den Boden von Hauptschiff und Presbyterium der Vorgängerkirche mit Verona-Rot und istrischem Stein.

4 MURANO, SANTI MARIA E DONATO

12. Jahrhundert
Boden von 1141 in Mosaik, Opus sectile *und* Opus vermiculatum, *restauriert 1973–79 durch das Komitee »Save Venice« und die »Soprintendenza ai beni ambientali e architettonici« von Venedig*
Murano, Fondamenta Giustiniani

»In Murano ist jedes Fragment ein so kunstvoll arrangiertes Farbenspiel, daß dies jede Vorstellung übersteigt; man muß den Boden mit tiefer Ehrfurcht bewundern, auch weil er als einziger – im Gegensatz zu allen anderen – datiert ist.« Die Lobeshymne von Ruskin auf den Mosaikboden von San Donato hört hier nicht etwa auf, sondern rühmt des weiteren die Kirche als eines der wertvollsten Monumente Italiens, in deren Steinboden außerdem der gesamte venezianische Kolorismus begründet sei, der schließlich in Tizian explodieren sollte. Die Kirche, zuerst Maria geweiht und später zusätzlich dem Hl. Donatus, konnte als einzige in der Lagune ihren romanischen Charakter und die originale Komposition des Steinbodens von 1141 wahren. Diese Jahreszahl findet sich im Zentrum des Mosaiks in der vorderen Hälfte des Mittelschiffs, das ein Rechteck von 6,95 x 7,22 m mit fünf Kreisen aus konzentrischen Elementen bildet, von denen wiederum vier – mit dem Durchmesser von 3,2 m – jeweils an den Ecken einen kleinen Mittelkreis von 2,2 m umschließen. Die Zwischenräume sind seitlich mit zwei Pfauenpaaren als Symbolen der Unsterblichkeit geschmückt; sie picken Korn, eine sowohl physische als auch geistige Nahrung, aus einem Gefäß, das den Überfluß versinnbildlicht. Vertikal gestellt sind dagegen Greife in heraldischer Position. Alle vier Szenen sind abgenutzt und wurden in der Vergangenheit restauriert. Die exponierte Stellung der gesamten Komposition betont zugleich ihren Symbolcharakter: So repräsentieren die konzentrischen Kreise den Himmel, während das Quadrat auf die Erde als irdisches Paradies anspielt. Fünf rechteckige, auf der Rückseite fein behauene Marmorplatten bilden eine Art Vorraum; hier darf man annehmen, daß spätrömische Grabsteine wiederverwendet wurden, was man während der gut sechs Jahre dauernden Restaurierung (1973–79) entdeckte. Finanziert durch Gladys Del Mas vom amerikanischen Komitee zur Rettung Venedigs (»Save Venice« unter dem Vorsitz von John McAndrew) und beaufsichtigt von der »Soprintendenza ai beni ambientali e architettonici« von Venedig, wurde diese zu einer exemplarischen und einzigartigen Rettungsmaßnahme. Das fortgeschrittene Stadium der Schäden durch Gebrauch – Abreibung, Einsenkung und vor allem Korrosion durch Überflutung – zwang zu einem radikalen Eingriff. Hierfür mußten der gesamte Steinboden (gut 500 m² allein im Hauptschiff) entfernt und ein Isolations-Behältnis konstruiert werden; nach individueller Reinigung setzte man jedes einzelne Marmorplättchen wieder an seine dem originalen Entwurf entsprechende Stelle. Diese Arbeiten übernahm die Firma Zerbo und Francalanci (Mosaizisten: Diego Malvesio und Assistenten). Es war ein gigantisches Unterfangen, aber nur so ließ sich die Rettung eines so schönen Meisterwerks garantieren, obwohl sein Erhalt auch künftig eine beständige Pflege voraussetzt.

5 SAN ZACCARIA

12. Jahrhundert
Cappella di S. Tarasio: Mosaikboden von 1176
Castello, Campo San Zaccaria

Die Gründung der Kirche geht auf das 9. Jahrhundert und die Amtszeit des Dogen Giustiniano Partecipazio (827–29) zurück, der in seinem Testament beträchtliche Vermächtnisse an die Benediktinerinnen des angrenzenden Klosters verfügte. Darüber hinaus konnte das Kloster im 10. und 11. Jahrhundert seinen Besitz durch die Schenkung von Ländereien in der Terraferma vermehren und wurde schließlich zu einer der sozial eindrucksvollsten Institutionen: Unmittelbar protegiert vom Dogen, der jedes Jahr auf Besuch kam, bevorzugte es der venezianische Adel für die Erziehung der eigenen Töchter. Über die Kirche selbst weiß man nicht viel. Indirekten Quellen zufolge wurde sie während eines Brands 1105 beschädigt. Ferner bezeugt eine Inschrift von 1176 bestimmte Arbeiten aus dieser Zeit. Wahrscheinlich entstanden damals Bodenmosaiken in der Hauptapsis und in jenem Teil des Chors, der heute die Cappella San Tarasio darstellt; zumindest erinnert der Naturalismus der Tiere sowohl an die zeitgleichen Böden in Aquileia als auch an jene in Skirra (Sfax) in Tunesien.

6 TORCELLO, SANTA MARIA ASSUNTA

9. bis 11. Jahrhundert
Steinboden aus dem 9. Jahrhundert und der zweiten Hälfte des 12. Jahrhunderts in Opus sectile *und* Opus tessellatum
Torcello

Der Boden dieser Kirche, eines veneto-byzantinischen Baus aus dem 11. Jahrhundert in Form einer dreischiffigen Basilika mit erhöhtem Chor, besteht nahezu vollständig aus Marmorplatten in *Opus sectile* und spärlichen Einsprengseln in *Opus tessellatum.* Bezeichnenderweise fehlen figürliche Elemente; die einheitliche Gestaltung folgt einem exakten Schema, das die verschiedenen

Gebäudeteile betont. Der interessanteste Bereich – und beispiellos in Venedig! – findet sich im Hauptschiff vor der Ikonostase; er ist an arabischen und sizilianischen Böden der normannischen Zeit inspiriert. Diese Rückgriffe sowie gewisse Reminiszenzen an Details aus San Marco und San Donato, vor allem im Chorraum, geben den Boden in Torcello als den letzten dieser drei genannten zu erkennen. Er dürfte im sechsten oder siebenten Jahrzehnt des 12. Jahrhunderts entstanden sein. 1940 fand man 22 cm unter dem aktuellen Steinboden zwei Fragmente seines Vorgängers, der im sechsten Interkolumnium des rechten Seitenschiffs eine Komposition aus schwarzen Feldern auf weißem Grund mit geschnittenen Kreisen und Achtecken aufweist, wobei die quergestellten Plättchen einander überlappen: ein seltenes Motiv, das jedoch auch in Sant'Ilario verwendet wurde. Mit seiner Datierung ins 9. Jahrhundert ist dies bis heute der älteste *in situ* erhaltene Kirchenboden, über den es leider noch keine gründliche Untersuchung gibt, da man hierfür den oberen Boden abtragen müßte.

7 CAMPO DELLA MADONNA DELL'ORTO

Ziegelboden in Fischgrätmuster mit Streifen von istrischem Stein aus der zweiten Hälfte des 14. Jahrhunderts

Cannaregio

Der Steinboden ähnelt jenem, der von 1264 bis 1723 den Markusplatz bedeckte und den Gentile Bellini in seinem Leinwandgemälde *Prozession auf dem Markusplatz* gegen Ende des Quattrocento dargestellt hat. Es handelt sich um ein Ziegelpflaster in Fischgrätmusterung, eingepaßt in sich kreuzende Streifen aus istrischem Stein: Somit ergeben sich aneinandergereihte Quadrate, in die ein Mittelpfad – ebenfalls aus istrischem Stein – integriert ist, der vom Kircheneingang zum davorliegenden Kanal führt.

8 PALAZZO GIUSTINIAN BRANDOLINI

Mitte des 15. Jahrhunderts, zugeschrieben an Bartolomeo Bon

Hof: zeitgenössisches Ziegelpflaster in Fischgrätmuster mit Streifen aus istrischem Stein

Dorsoduro (privat – Besichtigung nicht möglich)

Als Teil eines Komplexes aus zwei gleichnamigen Gebäuden ist der Palazzo zum Canal Grande hin orientiert, in einer Linie mit der Ca' Foscari, einem Eckbau mit zusätzlichem Blick auf den nahen Rio Nuovo. Er erhebt sich an der Stelle des einstigen dritten Palazzo Giustinian. Die um die Mitte des 15. Jahrhunderts zu datierenden Bauten, wahrscheinlich entworfen von Bartolomeo Bon, verkörpern trotz starker Eingriffe auf hervorragende Weise den typisch venezianischen Palazzo der Spätgotik. Ein vertikales Mauerstück vereint beide spiegelbildlichen Gebäudeteile und enthält in seiner Mitte das größte Portal sowie drei übereinanderliegende Fenster für die jeweiligen Stockwerke. Dieses Tor führt durch eine Passage nach hinten zur einst privaten Gasse. Die beiden Seiteneingänge münden dagegen in die Eingangshallen der beiden Palazzi; dabei sind im ersten sowohl der originale Steinbelag im Hof als auch der alte Brunnen erhalten geblieben, während Ende des 16. Jahrhunderts die Innenfassade verändert wurde. Hier wohnte Richard Wagner im Jahr 1858 für sieben Monate und arbeitete an seiner letzten Fassung der Oper *Tristan und Isolde*.

9 SANTA MARIA DEI MIRACOLI

1481–94, Pietro Lombardo und Werkstatt

Zeitgenössischer Marmorboden aus Platten und Einlegearbeit

Cannaregio, Campo dei Miracoli

Zwischen 1481 und 1494 erbaute Pietro Lombardo diese Kirche unter Mitwirkung seiner Söhne und der *tajapiera*-Schar seiner Werkstatt, sehr tüchtigen Steinmetzen mit überschäumender Phantasie: einen ganz und gar in kostbaren Marmor gehüllten Schrein. Trotz des unverkennbar venezianischen Konzepts dieses Meisterwerks der Frührenaissance – man denke an die Ca' d'Oro oder zahlreiche Leinwandgemälde von Carpaccio – erinnern die Gesimse an der Fassade und das erhöhte Presbyterium an San Miniato in Florenz. Die Kirche war für die Andacht des Volks bestimmt und entstand dort, wo Francesco Amadi am 26. Januar 1408 ein wundertätiges Bild der Jungfrau Maria aufgestellt hatte. Mit der Erlaubnis von Papst Sixtus IV., der ein solches Fest 1476 proklamiert hatte, weihte man die Kirche als erste in Venedig der Unbefleckten Empfängnis, obwohl das Dogma erst 1854 sanktioniert wurde. Zeitgenossen priesen Santa Maria dei Miracoli als die schönste Kirche nach San Marco, und bereits 1502 erhob sie Sabellico als Werk und Materie über alles bisher Dagewesene. Auf Initiative des Komitees »Save Venice« und beaufsichtigt von der »Soprintendenza ai beni ambientali e architettonici« von Venedig (Leitung: Mario Piana) restaurierte man zwischen 1987 und 1997 das Gebäude komplett. Die Arbeiten übertrug man der Firma Ottorino Nonfarmale (petrographische Untersuchungen: Lorenzo Lazzarini und Vasco Fassina).

10 SCUOLA TEDESCA

1528–29

Zeitgenössischer Terrazzoboden, 1732–33 originalgetreu erneuert

Cannaregio 2902 B, Campo del Ghetto Nuovo

Deutsche Synagoge

Die *Scuole* – religiöse Bruderschaften, Kunst- und Handwerksverbände sowie Vereinigungen von Personen verschiedener Nationalitäten und Glaubensgemeinschaften – übernahmen im sozialen, wirtschaftlichen und künstlerischen Gefüge der Republik Venedig eine herausragende Funktion. Auch die Synagogen zählten zu den Scuole. Der Versammlung zum Gebet dienten in der Stadt fünf Synagogen, von denen die drei ältesten am Campo del Ghetto Nuovo stehen: die Scuola Tedesca, die Scuola al Canton und die Scuola Italiana. Gemäß der jüdischen Vorschrift, den Bau von Kultstätten »in den höchsten Bereich der Stadt« zu verlegen, richtete man im flachen Venedig die Synagogen einfach in den Obergeschossen anonymer Gebäude im Ghetto ein; sie waren an den schlichten Bogenportalen und großen, aus fünf Fenstern gebildeten Öffnungen zu erkennen und aus Sicherheitsgründen durch lange Gänge und Passagen untereinander verbunden. Die älteste Synagoge ist die Scuola Tedesca; so verrät ein Stein über den großen Fenstern tatsächlich: »Die Gründung dieses Bauwerks erfolgte 1528–9, und 1732–3 baute man es wieder auf.« Das Gebäude zwängt sich zwischen die Kanalbiegung und die Ecke des Campo; deshalb weist der Saal Trapezform auf, doch verlieh der planende Architekt dem Gesamten eine gewisse Harmonie, indem er die Laterne ins Zentrum rückte. Ursprünglich befand sich die *Tevà* (Pult) wie die Laterne im Mittelpunkt des Saals, während die Bänke an den Wänden standen; heute ist sie jedoch an die zum Campo weisende Wand gerückt und verdeckt dort zwei Fenster. Dagegen wurde der *Aròn* (Schrank mit Gesetzestafeln) zwar vergrößert, verblieb jedoch an seiner einstigen Stelle.

11 SAN GIORGIO MAGGIORE

1566–1612, Andrea Palladio
Commessoboden von 1591–96
Pflaster im Freien aus Trachyt-Platten und istrischem Stein von 1678–83
Isola di San Giorgio

Zusammen mit dem angrenzenden Benediktinerkloster stellt die Kirche ein Wahrzeichen Venedigs dar. Mit ihrer Lage im Zentrum des Wasserraums »Bacino di S. Marco« und der damit verbundenen günstigen strategischen Position gewann sie auch im kulturellen Bereich Bedeutung für gewisse Beziehungen, die sich mit der politischen Macht manifestiert hatten. Der Bau der Kirche begann am 3. März 1566 unter dem Abt Andrea Pampuro aus Asolo und wurde nach Palladios Tod vollendet. Somit war es Aufgabe des Abts Michele Alabardi, zwischen 1591 und 1596 für die Innenausstattung zu sorgen: Altäre, Säulen, Chorraum und Fußböden. Wie in vielen venezianischen Kirchen, und insbesondere jenen von Palladio geprägten, sind die Räume durch exakte geometrische Bezüge streng strukturiert, was der weiße Putz noch betont. Die einzige farbliche Note ist den Steinböden zu verdanken, die das warme, durch große Fenster üppig hereinflutende Licht reflektieren.

12 KLOSTER SAN GIORGIO MAGGIORE

Treppenhaus: 1644, Baldassare Longhena
Zeitgenössischer Boden aus farbigem Marmor
Isola di San Giorgio
Sitz der »Fondazione Giorgio Cini«

»Longhena konzipierte eine Treppe mit doppelarmiger Rampe und darüberliegenden Galerien: Es ist das spektakulärste Treppenhaus, welches zu bauen er Gelegenheit hatte, zugleich das aufwendigste der Stadt, wo man auch in bedeutenden Bauwerken bescheidene Treppen einzufügen pflegte. Die großartige Struktur stieß auf lebhaftes Interesse, fand jedoch keine Nachahmung.« Die Worte von Elena Bassi bestätigen, daß dies das wertvollste monumentale Treppenhaus der Stadt darstellt – sei es aufgrund seines bühnenbildnerischen Effekts, sei es durch seine räumlichen Dimensionen. Nur zur Zeit des Barock konnte man einer Treppe so viel Raum zugestehen, auch wenn bereits 1579 Palladio eine gewaltige Anlage geplant hatte. Diese räumliche Ausdehnung und perspektivische Wirkung werden zusätzlich akzentuiert durch die Gestaltung von Treppenabsätzen und Steinböden mit kostbarem Marmor in diversen Farben; sie entstanden nach Entwürfen von Longhena, auch wenn uns Beweise hierfür fehlen. Das Baudatum (1644) ist auf dem Architrav über der Nische des mittleren Treppenabsatzes zu lesen.

13 IL REDENTORE

1577–92, Andrea Palladio
Apsis: mehrfarbiger Marmorboden von 1616, wahrscheinlich von Palladio entworfen
Giudecca, Fondamenta San Giacomo

Die Kirche Il Redentore ist eines der wenigen Projekte, das Andrea Palladio unter absoluter Einhaltung des originalen Entwurfs ausführte. Durch ein Dekret des Senats, auf dessen Basis die Kapuziner das Errichten von Gräbern im Inneren ihrer Kirche untersagen konnten – die Gedenkmessen, Vermächtnisse und Legate hätten überhöhte Einnahmen mit sich gebracht, die ihrem Armutsgelöbnis widersprachen – , wurden zugleich die Schlichtheit und Harmonie des Tempels gewahrt, da er von den pompösen und oftmals anmaßenden Grabmonumenten verschont blieb, wie sie an anderen heiligen Stätten errichtet wurden. Am 3. Mai 1577 legte der Doge Alvise Mocenigo den Grundstein, doch erst 1592, also gut zwölf Jahre nach Palladios Tod, vollendeten der Hauptarchitekt Antonio da Ponte und seine Gehilfen das Gebäude. Geschwungene Linien akzentuieren und verbinden die Einzelteile des Bauwerks: das Mittelschiff, die Seitenkapellen, das von der Kuppel bekrönte Presbyterium, den Chor. Die Gesamtanlage, streng in Weiß- und Grautönen gehalten, wird durch Lichtreflexe des Bodens erhellt, der somit als zusätzliches Instrument zur Raumdefinition fungiert; im Mittelschiff dominieren Weiß und Rot, das Presbyterium dagegen – dessen Halbkreise für die Würdenträger reserviert waren – präsentiert kostbaren Marmor in den Nuancen von Grau, Schwarz und Weiß mit rosafarbenen Einsprengseln. Die Jahreszahl 1616 an der rechten Seitensäule des Presbyteriums bezieht sich auf die Verlegung des Bodens.

14 SAN SALVATORE

1507–34, Giorgio Spavento, Tullio Lombardo und Jacopo Sansovino
Mehrfarbiger Marmorboden aus der zweiten Hälfte des 17. Jahrhunderts
San Marco, Mercerie di San Salvador

Die Kirche am Eingang zu den Mercerie, der Hauptachse zwischen San Marco und Rialto, ist eine sehr alte Gründung: Sie soll bis auf das 7. Jahrhundert zurückgehen. Im 12. Jahrhundert baute man sie um, und ab 1507 entstand ein kompletter Neubau, zunächst unter Leitung von Giorgio Spavento, abgelöst von Tullio Lombardo und schließlich Jacopo Sansovino, der den Bau 1534 fertigstellte. Nur ein Jahr nach der Grundsteinlegung für die Peterskirche in Rom wurde also diese Kirche über dem Grundriß eines lateinischen Kreuzes begonnen. Man darf sie als ein Hauptwerk der venezianischen Hochrenaissance betrachten, das in seiner Bedeutung hinter dem Markusdom rangiert. Als Auftragswerk der Regularkanoniker des Augustinerordens – wegen ihres geistigen Autonomiebestrebens hinsichtlich der zentralistischen Forderungen Roms oft der Häresie bezichtigt – ist sie die politische Anwort der gläubigen Republik Venedig auf die päpstliche Oberhoheit von Julius II. Hier ließen sich die reichen venezianischen Kaufleute bestatten, die ihre Läden entlang der Mercerie betrieben hatten, und ihre Grabinschriften ermöglichen eine Datierung des mehrfarbigen Marmorbodens: eine barocke Zutat, die jedoch der räumlichen Strenge des Gebäudes gerecht wird, indem sie mit ihren exakten Mustern den mathematischen Theorien von Luca Pacioli folgt. Die älteste erhaltene Inschrift ist lateinisch und findet sich an den Ecken jenes Quadrates, das die Projektion der Zentralkuppel aufnimmt; sie erinnert an den Stifter, den Kaufmann Tasca, der 1641 im Alter von 63 Jahren gestorben war. Pasquale Cicogna berichtet von anderen, heute verschwundenen oder unlesbaren Inschriften, wie jene von »Piero Gerolamo und Bortolo Q. pistori [= Milchhändler] und deren Erben im Jahr 1653, sowie 1664 Bortolo Batochi, Händler kretischer Weine«.

15 KLOSTER SAN DOMENICO

1664–66, Baldassare Longhena
Monumentales Treppenhaus: zeitgenössischer Commessoboden, Longhena zugeschrieben und realisiert von Antonio Bonini
Castello, Campo San Giovanni e Paolo
Verwaltung der städtischen Klinik

Zwischen 1664 und 1666 schuf Baldassare Longhena das monumentale Treppenhaus des Klosters San Domenico bei Santi Giovanni e Paolo, das in reduzierter Form jenes von San Giorgio wiederholt. Von besonderem Interesse sind die Steinböden der Treppenabsätze, die Elena Bassi beschrieb als »veredelt durch Teppiche von Marmorinkrustationen mit Blumenmotiven, ein Werk des Venezianers Antonio Bonini aus dem Jahr 1666«. Dieses wahre Meisterwerk ist ein würdiger Exponent der besten Werkstatt für harte Steine, wie sie seit der Barockzeit so in Mode waren: Mit diesem ersten Beispiel eines »florentinischen« Commessobodens in Venedig hatte man Baldassare Longhena beauftragt. Elena Bassi berichtet außerdem, Longhena sei nicht nur der Architekt der Kirche Santa Maria della Salute gewesen, sondern habe auch deren Steinboden im Presbyterium und die Mittelrosette entworfen. Leider wissen wir nicht, ob er auch für diese Treppenabsätze verantwortlich war, die aber in jedem Fall eine raffinierte Machart verraten. Der erste Treppenabsatz in Commessotechnik ist noch intakt, wogegen im Erdgeschoß – wohl wegen Feuchtigkeitsschäden – die Lücken einiger ganz zerstörter Marmorelemente mit einer Mischung aus Granulat und Mosaiksteinchen gleichen Materials ausgefüllt wurden: eine Technik, die den venezianischen Meistern am ehesten gemäß war.

16 SANTA MARIA DELLA SALUTE

1631–87, Baldassare Longhena
Zeitgenössischer Commessoboden, entworfen von Longhena
Pflaster im Freien aus Trachyt-Platten und istrischem Stein
Dorsoduro, Campo della Salute

1630 beauftragte der venezianische Senat Baldassare Longhena mit dem Bau der Kirche, um ein Gelübde der Republik an die Jungfrau Maria einzulösen, nachdem diese die Stadt von der Pest befreit hatte. Das Gebäude, das sich am Beginn von Venedigs Hauptwasserstraße und auf einer Treppe mit ungewöhnlichen Proportionen erhebt, ist das barocke Symbol für venezianische Frömmigkeit und die Unabhängigkeit der Serenissima von der zeitlich begrenzten Macht der Kirche zu einem Zeitpunkt politischer Ungewißheiten. Longhena beschrieb sein Projekt folgendermaßen: »Da dieser Kirche ein Mysterium innewohnt, weil sie der Seligen Jungfrau geweiht ist, schien es mir, ich solle sie mit Hilfe jener bescheidenen Fähigkeit, die der Herrgott mir verliehen hat, in einer runden Form bauen, damit sie einer Krone gliche, die sodann der Jungfrau gewidmet werden könne.« Im Plan des Monuments wurde der Bodengestaltung eine außerordentliche Bedeutung beigemessen, was die Federzeichnung im Museo Correr bestätigt: Dort hat Longhena selbst das Motiv und die Maße des Bodens im Presbyterium und der Rosette unter der Laterne umrissen. Und so erweist sich der Boden tatsächlich als ein Schlüssel für die symbolische wie auch strukturelle Interpretation des Bauwerks.

17 CA' ZENOBIO

1684–1700, Antonio Gaspari
Zeitgenössischer mehrfarbiger Marmorboden, entworfen von Gaspari
Dorsoduro 2593–97
Armenisches Kolleg

Antonio Gaspari konzipierte diesen einzigartigen Palazzo mit starken »römischen« Merkmalen für die reiche Familie Zenobio – junger Adel mit stattlichem Vermögen – auf einem mittelalterlichen oder vielleicht trecentesken Gebäude, das einst den Morosini gehört hatte. Hier zeigt sich eine venezianische Fassade »alla romana«, deren Mittelteil (auf dem Grundriß eines T-förmigen Portikus) durch drei Balkone und das große, von einem gebogten Tympanon und einem prächtigen Wappen gekrönte venezianische Fenster der Haupthalle hervorgehoben ist. An Borromini gemahnen die Verlängerungen beider Seitenflügel zur inneren Gartenfassade hin. Die Stiltendenzen manifestieren sich auch in den Dekorationsmalereien: So vertraute man die Decke des prächtigen Ballsaals 1688 Louis Dorigny an, einem Maler der römischen Schule, während Gregorio Lazzarini 1700 ein weiteres Deckengemälde mit klassischen Themen um Ceres und Bacchus schuf. Der Entwurf für den Steinboden im Treppenhaus ist zwar nicht dokumentarisch bezeugt, kann jedoch anhand der zahlreichen von Longhena und Gaspari erhaltenen eigenhändigen Zeichnungen als authentisches Werk des letzteren betrachtet werden: zum einen wegen der Fülle an Details für den Palazzo, zum anderen aufgrund der präzisen Zeichnung jener Treppenabsätze, welche die Raumentwicklung definieren und bündeln. Im übrigen beweisen die Dokumente im Museo Correr, daß sich Gaspari – der als Schüler von Longhena dessen unvollendete Aufträge fertigstellte – wie sein Meister nicht allein mit der Ausarbeitung des architektonischen Vorhabens begnügte.

18 PALAZZO CONDULMER

Anfang des 18. Jahrhunderts
Zeitgenössischer Terrazzoboden, 1982 restauriert von Roberto Crovato
Santa Croce (privat – Besichtigung nicht möglich)

Die Adelsfamilie Condulmer, der auch der 1447 verstorbene Papst Eugen IV. angehörte, war laut Giuseppe Tassini Eigentümerin eines Palazzo bei San Nicola da Tolentino, der zuvor der Familie Loredan gehört hatte. Dorthin »lud am 8. August 1743, dem Tag des Hl. Kajetan, der Vornehme Herr Condulmer die Herzogsfamilie von Modena ein, um dieses Fest zu genießen. Es gab einen schönen Empfang, Beleuchtung im Garten und edelste Musik, alles auf Kosten des besagten Herrn Condulmer, der ein berüchtigter Spieler war und viel Geld bei der Kronprinzessin gewonnen hatte.« Es gibt keine verläßlichen Quellen hinsichtlich der Entstehungszeit des Steinbodens, doch aufgrund seiner technischen Merkmale – und des Stils des Bauwerks, das Lorenzetti ins 18. Jahrhundert einordnete – darf man ihn wohl in die ersten Jahre des 18. Jahrhunderts datieren. Mit seiner Zeichnung und den verwendeten kostbaren Materialien zählt er zu den schönsten und aufwendigsten Böden Venedigs und ist zweifellos das Werk eines bedeutenden Künstlers.

19 SAN NICOLA DA TOLENTINO

1591–1602, Vincenzo Scamozzi
1706–14, Andrea Tirali
Mehrfarbiger Marmorboden vom Ende des 16. Jahrhunderts
Pflaster im Freien von 1706–14, entworfen von Tirali
Santa Croce, Campo dei Tolentini

Der Theatinerorden, 1527 aus Rom geflohen, gründete bereits im folgenden Jahr ein Oratorium in Venedig. 1591 erhielt Vincenzo Scamozzi, der damals bedeutendste Architekt der Stadt, den Auftrag, eine Kirche für die Theatiner zu entwerfen. Doch unmittelbar nach Arbeitsbeginn entließ man den Architekten, und einer der Patres übernahm fortan die Bauleitung. 1602 wurde das noch unvollendete Gebäude geweiht. Erst zwischen 1706 und 1714 errichtete Andrea Tirali, wahrscheinlich nach einem Plan von Scamozzi, den Pronaos – eine Vorhalle mit korinthischen Säulen – als Fassade zum Kanal hin. Tirali, der Hauptarchitekt der Klöster, erweiterte 1731 den Klosterbau, ohne sich von der venezianischen Tradition zu lösen; dadurch läßt sich erahnen, welche Proportionen der Bau nach den vorangegangenen Plänen von Andrea Palladio gehabt hätte. Vielfältig waren die Eingriffe verschiedener Hände: So sind die beiden Steinböden der Altäre an Palladio inspiriert und entstanden zur Zeit Scamozzis. Die Zeichnung des Paviments in der Vorhalle geht dagegen auf Tirali zurück, der hierfür die Stuckelemente des Gewölbes auf den Boden übertrug und diesen – indem er mittels gebogter Linien die strenge klassizistische Prägung milderte – als Bindeglied zwischen der Treppe, dem Vorplatz und der Brüstung zum Kanal einsetzte. Auf diese Weise gelang ihm ein perspektivisches Wechselspiel, das der Fassade und dem Volumen der Kirche weiten Atem verlieh.

20 CA' PESARO

1652–82, Baldassare Longhena
1703–10, Antonio Gaspari
Commessoboden von 1710, entworfen von Gaspari
Santa Croce 2076, Fondamenta Pesaro
»Museo di arte moderna«

Auch wenn Baldassare Longhena nicht als Urheber des gegenwärtigen Gebäudes dokumentiert ist, kann man ihm dieses im Vergleich mit anderen Werken zuschreiben, die der Architekt für die Familie Pesaro geschaffen hat, wie beispielsweise das 1669 vollendete Grabmonument des Dogen Giovanni in der Frari-Kirche. Die Planung sah die Vereinigung von drei nebeneinander liegenden Bauten zu einem der größten Paläste der Stadt vor. Longhena begann 1628 auf Veranlassung des Prokurators Leonardo Pesaro auf der dem Canal Grande zugewandten Seite. Doch erst 1663 wurde das Unternehmen konkret, und 1682 – nach dem Tod von Auftraggeber und Architekt – kamen die Arbeiten im ersten Stock zum Erliegen, wie ein Stich von Luca Carlevarijs im Jahr 1703 dokumentiert. Die Erben legten nun die Fertigstellung des Gebäudes in die Hände von Antonio Gaspari, der den Bau binnen kurzer Zeit abschloß: Auf der 1710 datierten Karte von Coronelli erscheint es sodann vollendet. Das Museo Correr verwahrt 33 Zeichnungen der Ca' Pesaro von Longhena und Gaspari; eine davon zeigt, daß Longhena das Treppenhaus in der Mitte der Eingangshalle plazieren wollte, wogegen es Gaspari mit glücklicher Hand in einen Seitenraum mit quadratischem Grundriß versetzte, um die Kontinuität zwischen Kanal, Eingangshalle und Innenhof nicht zu beeinträchtigen.

21 PALAZZO TREVISAN MORO

Ende des 16. Jahrhunderts
Terrazzoboden vom Beginn des 18. Jahrhunderts
Cannaregio (privat – Besichtigung nicht möglich)

In der Zone des »Ghetto Nuovissimo« – und zwar an der Vereinigung der Kanäle des Ghetto Nuovo und von San Gerolamo – steht dieser aus zwei dreiteiligen Bauten mit jeweils fünf Stockwerken zusammengefügte Palazzo. Zugeschrieben an Jacopo Sansovino, der im nahegelegenen Palazzo Moro arbeitete, besaß er ursprünglich zwei übereinanderliegende Wohnungspaare, die jeweils aus einem Piano Nobile, Halbparterre und einem zusätzlichen Geschoß – Mezzanin oder Dachgeschoß – bestanden. In jedem Stockwerk waren sie um Verbindungssäle zwischen Gasse und Kanal arrangiert, im Erdgeschoß dagegen durch die vier großen Wasserpforten entsprechend durchschnitten. Der Anstrich der Fassade und die Größe der Fensteröffnungen im ersten Stock geben dem Gebäude ein feudales Aussehen, wie es gegen Ende des 16. Jahrhunderts einem großen Mietshaus zukam. Schließlich konnten fremde Bewohner in der Stadt keine Gebäude erwerben, sondern sie lediglich mieten; und so verliehen die Juden außer Geld auch Ausstattungsgegenstände und Möbel zum Einrichten dieser Häuser gegen Bezahlung. Heute verbindet man den Palazzo mit dem Namen Da Silva, weil im Jahr 1584 Gusman Da Silva, Herzog von Medina Sidonia, dort wohnte, um im Auftrag von König Philipp II. von Spanien in Venedig Bücher für die neue Bibliothek im Escorial zu sammeln. Den *Crudities* von Thomas Coryate ist zu entnehmen, daß ferner Sir Henry Wotton, der erste in Venedig lebende englische Botschafter – ein gebildeter Diplomat, Schüler von Palladio und Freund von Paolo Sarpi – während des ersten seiner drei Venedig-Aufenthalte von 1605 bis 1611 in diesem Palazzo residierte; hier beherbergte er den anglikanischen Theologen William Bedell, zu dessen Gottesdiensten während des Interdikts von Papst Paul V. Borghese auch die Venezianer zugelassen waren, die dort die Bibel in der Übersetzung von Diodati erwerben konnten. Und anscheinend hat Wotton außerdem Coryate vor dem Zorn der Juden im nahen Ghetto geschützt: Nach der Einrichtung des »Ghetto Nuovissimo« im Jahr 1663 war dies der einzige inmitten des Ghetto verbliebene Palazzo. Zu Beginn des 18. Jahrhunderts erwarben die Treves den Bau, eine der reichsten jüdischen Familien in Venedig, deren Nachkommen noch heute seinen Plan und die Bibliotheksausstattung besitzen. Der Boden der Bibliothek präsentiert eines der raren Beispiele für ein Chinoiserie-Muster, ein im 18. Jahrhundert in Venedig sehr beliebtes Dekor.

22 PALAZZO PISANI BEI SANTO STEFANO

1614–15, 1728–30, Bartolomeo Monopola und Girolamo Frigimelica
Terrazzoboden vom Beginn des 18. Jahrhunderts
San Marco 3395, Campiello Pisani

Ca' Pisani Nova zählt, wie Canaletto in seinem Skizzenbuch in den Gallerie dell'Accademia vermerkt hat, zu den wertvollsten Palazzi der Stadt. Und Martinoni beschrieb diesen Bau in seinen 1663 erschienenen Ergänzungen zur *Venetia città nobilissima...* von Francesco Sansovino folgendermaßen: »Nahe bei Santo Stefano steht der herrliche Palazzo der Brüder Luigi und Almorò Pisani, beide Prokuratoren von San Marco, exzellent und unter unsäglichen Kosten im römischen Stil erbaut, reich an Marmor und schönen Schnitzereien, mit Loggien und Höfen und anderem Zierwerk.« Er entstand in mehreren Bauabschnitten, wobei der erste 1614–15 errichtete Gebäudeteil 1637 durch ein Erdbeben beschädigt wurde. Seine heutige Erscheinungsform erhielt der Palazzo schließlich durch Girolamo Frigimelica – ihm ist auch die Villa Pisani in Stra zu verdanken –, der 1728 die Loggien und ein zweites Piano Nobile anfügte; diese Arbeiten waren zwei Jahre später abgeschlossen, wie Canalettos Zeichnung von 1730 in seinem Skizzenbuch belegt.

23 SANTA MARIA ASSUNTA DEI GESUITI

1715–28, Domenico Rossi
Zeitgenössischer Intarsienboden, entworfen von Rossi
Apsis und Hauptaltar: Intarsienboden, entworfen von Fra Giovanni Pozzo
Cannaregio, Campo dei Gesuiti

Als ein Hauptwerk von Domenico Rossi erhebt sich die Kirche auf einem früheren Bau der *Crociferi* (Kamillianer), eines wegen seines Sittenverfalls 1656 von Papst Alexander VII. aufgehobenen Ordens. Als die Jesuiten nach Venedig zurückgekehrt waren – man hatte sie zur Zeit des päpstlichen Interdikts 1606 »zur Hölle« geschickt –, kauften sie 1657 die Kirche und das Kloster, nachdem ihnen wie den Juden eine provisorische Aufenthaltserlaubnis in Venedig zugestanden worden war, die alle drei Jahre erneuert werden mußte. Wie es für diesen religiösen Orden typisch ist, wurde die Kirche zu einem außergewöhnlichen Beispiel an architektonischer Einheit und Erlesenheit in verwendeten Materialien und Dekorationen. Damit wollten die Jesuiten ihre bevorstehende Präsenz in Venedig zum Ausdruck bringen und riefen zugleich eine neue ästhetische Sensibilität ins Leben. Der langgestreckte Grundriß mit integriertem Querhaus öffnet sich in tiefe Seitenkapellen mit reichen Altären von Fra Giovanni Pozzo, dem auch der Hochaltar mit den gewundenen Säulen und die Stufen davor mit ihrem grün-schwarz-goldenen Marmorbelag zu verdanken sind. Ein glanzvoller Wandteppich aus weißen und grünen Marmorintarsien bedeckt Wände und Säulen, ja selbst die Kanzel schmücken seine weichen Falten. An der Deckenwölbung schimmern weißer Stuck, Gold und lebhaft bunte Fresken. Sogar die Fassade – vielleicht unter Mitarbeit von Giovanni Battista Fattoretto gestaltet – war mit farbigem Stuck überzogen.

24 SAN MARCUOLA

1727–38, Giorgio Massari
Zeitgenössischer Commessoboden, entworfen von Massari
Cannaregio, Campo San Marcuola

Die Baugeschichte dieser noch heute unvollendeten Kirche ist reichlich kompliziert. Historischen Quellen zufolge hatte Antonio Gaspari mindestens vier Entwürfe ausgearbeitet, von denen keiner umgesetzt wurde, und obwohl der Pfarrer 1727 Giorgio Massari mit einem Plan für die Rekonstruktion betraut hatte, erhielt dieser erst 1738 Zahlungen für ein Modell. Ebenso wie Gaspari achtete Massari peinlich genau auf alle Details und Feinheiten und wählte die Mitarbeiter zur Durchführung seiner Projekte mit großer Umsicht. Das alles läßt vermuten, daß der Entwurf für den Boden der Kirche sein Werk ist. Das Innere – ein einziges Kirchenschiff – zeigt eine ungewöhnliche Aufteilung, da der Hochaltar mit keiner der beiden Türen auf einer Achse steht. Doch den perspektivischen Spielereien des Steinbodens gelingt es, durch eine gewisse optische Illusion diese Unstimmigkeit auszugleichen.

25 »CASIN DEL BAFFO«

Anfang des 18. Jahrhunderts
Terrazzoboden von 1730
Giudecca (privat – Besichtigung nicht möglich)

Mit Blick auf den Kanal Ponte Lungo und eingefügt in eine durchgehende Häuserfront, fällt das schlichte zweigeschossige Bauwerk durch seinen bauchigen, schmiedeeisernen Balkon auf. Nach mündlicher Überlieferung war dies das Casino des satirischen Dichters Giorgio Alvise Baffo (1694–1768). Der gleichnamige Eigentümer Nicolò Baffo vererbte es an Anna Bacci, die dort nicht nur geboren war, sondern auch 1975 – nachdem sie es dem gegenwärtigen Besitzer verkauft hatte – im Alter von hundert Jahren gestorben ist. Nach Giuseppe Tassini stammte die Familie Baffo ursprünglich aus Parma und gelangte 827 nach Venedig, wo sie die heute zerstörte Kirche San Secondo in Isola sowie 1222 die Kirche Santa Maria Maddalena in der Nähe ihres »Castel Baffo« erbaut haben soll. Tassini berichtet überdies, eine junge Dame dieses Hauses sei 1568 von den Türken entführt worden und später Mutter von Mohamed III. (Maometto) geworden. Ferner erinnert er an Lodovico Baffo, Kommandant jener Galeasse Morosina, die sich in der siegreichen Schlacht von Scio 1667 ehrenhaft gegen die Türken geschlagen hatte. Schließlich sei die Familie 1768 mit dem Tod von Giorgio, einem Dichter venezianischer Mundart, erloschen. Wenn er aber des weiteren darauf hinweist, die Familie habe ihre Grabstätten in der nahen Kirche San Giacomo unterhalten, regen sich Zweifel, ob nicht doch Nicolò der letzte Nachkomme des Dichters gewesen ist. Im zweiten Stock des Hauses verfügen drei kleine Säle über Terrazzoböden. Der mittlere, über den sich eine Galerie mit üppig freskierter und stuckierter Decke erhebt, präsentiert im Boden das Datum 1730. Die Zeichnung des Bodens bezieht sich auf das Glücksspiel und somit wahrscheinlich auf die Nutzung des Gebäudes.

26 SCUOLA GRANDE DEI CARMINI

1668–70, Baldassare Longhena
Mehrfarbiger Marmorboden von 1740
Dorsoduro, Campo Santa Margherita

Die von Baldassare Longhena zwischen 1668 und 1670 entworfenen Fassaden wurden recht uneinheitlich ausgeführt, vermutlich weil der persönliche Einsatz des Architekten begrenzt war. Sie zeugen von einem eher unterschiedlichen Gebrauch der architektonischen Ordnungen: Die Fassade entlang der Gasse wirkt mit der breiten Rustika in den beiden unteren Systemen und der monotonen Fensterfolge kühl, doch dabei schlichter und organischer als ihr Gegenstück, eine Fassade mit doppelter Säulenordnung und korinthischen Lisenen auf sehr hohem Sockel. Diese zweite Ansicht präsentiert im springenden Rhythmus wechselnde Tympana. Die Unsicherheit beider Lösungen läßt sich vielleicht mit der Notwendigkeit rechtfertigen, die Fassaden ihrem Vorgängerbau anzupassen. Überzeugender wirkt dagegen die üppige Innenausstattung: beispielsweise das Treppenhaus mit Stuck, den wahrscheinlich Abbondio Stazio anbrachte; oder auch die oberen Säle, die vermutlich nach Longhenas Tod von dessen Nachfolger Antonio Gaspari ausgeführt wurden, der in der nahegelegenen Ca' Zenobio arbeitete. Diese prunkvolle Dekoration krönten schließlich 1744 die Fresken von Giambattista Tiepolo.

27 PALAZZO BARBARIGO BEI SANTA MARIA DEL GIGLIO

15. Jahrhundert

Terrazzoboden von 1707 und 1742, ausgeführt von Antonio Tessa bzw. Bortolo Cecchin nach einem Entwurf von Gerolamo Mengozzi, genannt »Il Colonna«

San Marco (privat – Besichtigung nicht möglich)

Im Jahr 1707, anläßlich der Vermählung seines Sohnes Zuane Francesco mit Contarina Contarini, ließ Gregorio Barbarigo eine Reihe von Renovierungsarbeiten an seinen Häusern am Canal Grande vornehmen, die sich seit 1514 etwa auf der Höhe von Santa Maria del Giglio im Besitz der Familie befanden; dazu zählt die Erneuerung der weiß-roten Terrazzoböden in drei Zimmern, wie eine Rechnung des *terrazer* Antonio Tessa – auch Tes oder Tesa – vom 28. Oktober 1707 belegt. In der zweiten Arbeitsphase im Jahr 1739 anläßlich der Hochzeit von Gregorio, dem Sohn des Zuane Francesco, mit Caterina Sagredo, »begann man mit der Erneuerung der Böden« im Palazzo; hierfür wurde der *terrazer* Bortolo Cecchin engagiert, der somit im selben Haus arbeitete, »wo die hochberühmten und vornehmen Herren Franco Barbarigo, der Vater, und seine Söhne wohnten«. Nachdem die alten Böden abgetragen und das Niveau ausgeglichen war, galten offenbar bereits 1742 vier Zimmer als vollendet, und zwar »in einer Gestaltung mit Glaspaste«, die zuvor mit »Gregorio padron« abgestimmt worden war. Cecchin sah sich gezwungen, für jeden Abschnitt nicht weniger als 22 Lire zu fordern, da er die Auslagen für den Kauf der Glaspasten, der Farben und für den hervorragenden Künstler übernommen hatte. Überdies – so bekräftigt Bortolo Cecchin – übertraf das Ergebnis gar die Entwürfe des Malers Gerolamo Mengozzi, genannt Il Colonna, dessen Name auf der Rechnung 13 »für Terrazzo-Entwürfe« des Mezzanin erscheint. In diesem Teil des Palazzo, in den sich Caterina 1766 nach dem Tod ihres Mannes zurückzog, befinden sich die interessantesten Böden. Genau im Jahr ihrer Verwitwung ließ Caterina übrigens in das Muster des Terrazzo im Alkoven, ihrem Schlafzimmer, ein durchbohrtes Herz einfügen. Wie der Mezzanin ist das Piano Nobile üppig ausgestattet: An die noch intakte Stuckierung des Carpoforo Mazzetti Tencalla schließen die Quadraturmalereien von Mengozzi an, welche wiederum die Fresken von Giambattista Tiepolo einrahmen, während der Gemäldezyklus von den Wänden des Mezzanin – Jagdszenen in der Lagune von Pietro Longhi – in der Fondazione Scientifica Querini Stampalia erhalten ist.

28 PALAZZO PISANI MORETTA

Um 1470

Steinboden von 1742–45: Treppenabsätze aus mehrfarbigem Marmor, Säle in Terrazzo, entworfen von Francesco Zanchi und ausgeführt von den terrazeri *Domenico und Giacomo Crovato*

San Polo (privat – Besichtigung nicht möglich)

Gebaut in der Form eines doppelten »C« mit weitem Hof nach Südwesten und durch eine hohe Mauer gegen die Gasse abgeschirmt, präsentiert der Palazzo eine neuartige Interpretation eines byzantinischen Schemas. Die zum Canal Grande weisende Fassade verfügt über einen doppelten Eingang und zwei Hauptgeschosse, was typisch ist für Bauten mit Zweifamilien-Nutzung. Im 18. Jahrhundert ließ Chiara Pisani den Palazzo komplett umbauen, womit am 9. August 1742 begonnen wurde: Ihre umfangreichen, minuziösen Rechnungsbücher dokumentieren jede Kleinigkeit. Das ist also einer der seltenen Fälle, wo – wie für den Palazzo Barbarigo bei Santa Maria del Giglio – anhand exakter Dokumente und Rechnungsnotizen die Datierung der Böden und gesicherte persönliche Zuordnungen von Entwurf und Ausführung möglich sind. Mit der Beaufsichtigung der drei Jahrzehnte andauernden Restaurierungsarbeiten war der Maler Francesco Zanchi betraut, dem die Entwürfe für die Treppenabsätze und die Böden der beiden Hauptgeschosse zu verdanken sind; die Ausführung übernahmen dagegen die *terrazeri* Domenico und Giacomo Crovato, Vorfahren jener Familie, die noch heute dieses alte venezianische Handwerk pflegt.

29 PALAZZO TIEPOLO PAPADOPOLI

1560, Giangiacomo dei Grigi

Terrazzoboden um 1745, Entwurf zugeschrieben an Giambattista Tiepolo, und 1874–75 von Michelangelo Guggenheim

San Polo (privat – Besichtigung nicht möglich)

Der Palazzo, vollendet gegen 1560 für die Familie Coccina, erfuhr diverse Zuschreibungen an Andrea Palladio, Alessandro Vittoria, Jacopo Sansovino oder Vincenzo Scamozzi. Doch Lorenzetti hat überzeugend festgestellt, daß er ein Werk von Giangiacomo dei Grigi ist, dem Sohn und Mitarbeiter des weit bekannteren Guglielmo, genannt Il Bergamasco. Das Innere wurde zwischen

1874 und 1875 von Michelangelo Guggenheim radikal umgebaut, nachdem ihm die Familie Papadopoli die Restaurierung anvertraut hatte. In einem Artikel in der *Gazzetta di Venezia* war zu lesen: »Der Palazzo Tiepolo aus dem 16. Jahrhundert hat im 19. Jahrhundert den Palazzo Papadopoli zur Welt gebracht.«

30 PALAZZO CONTARINI BEI SAN BENETO

1560, Sante Lombardo zugeschrieben
Terrazzoboden um 1750
San Marco 3980, Calle Contarini
Sitz der »Compagnia generale delle acque«

Wahrscheinlich ist dieser Sante Lombardo zugeschriebene Palazzo die Neuauflage eines gotischen Vorgängerbaus. Anläßlich der Hochzeit von Giulio mit Eleonora Morosini wurde 1748 seine gesamte Innenausstattung mit Fresken von Francesco Fontebasso und Gasparo Diziani, Skulpturen von Giovan Maria Morlaiter und Stuck von Carpoforo Mazzetti Tencalla und dessen Schülern erneuert. Die Gestaltung der Fußböden spiegelt den Stuck der Decken auf so raffinierte Weise wider, daß man meinen könnte, diese wären – wie es damals öfters vorkam – von den gleichen Künstlern ausgeführt worden wie Decken und Wände. Im Alkovenzimmer ist noch heute ein schöner Holzbelag aus dem 18. Jahrhundert im Rokokostil erhalten. Erwähnenswert ist auch der äußere Hof, den Michelangelo Muraro folgendermaßen beschrieb: »Wenn man das feierliche Portal durchschritten hat, welches zu ebener Erde in den Palazzo Contarini hineinführt, gelangt man in einen ›vornehmen und weiträumigen Hof...‹, den eine hohe Mauer von den umliegenden Gassen trennt. Außer der Eleganz der Loggia und der Wanddekoration fällt am Boden das geometrische Muster aus istrischem Stein auf, das deutlich zum grauen Pflaster aus euganeischem Trachyt kontrastiert. Die umgebenden Wände zeigten Fresken von Fontebasso mit Brunnen und Meeresgottheiten.«

31 PALAZZO BARBARO

15. Jahrhundert
Terrazzoboden um 1750
San Marco (privat – Besichtigung nicht möglich)

Dieser Bau repräsentiert den Spitzbogenstil des frühen Quattrocento und ist sehenswert wegen seiner eleganten Fassadendekoration und einer Freitreppe vom Hof zum zweiten Stock. Zwischen 1694 und 1698 hat Antonio Gaspari mit Restaurierungsmaßnahmen den zweiten Stock des Palazzo gravierend verändert. Im Zusammenhang mit der Wahl von Almorò Barbaro zum Prokurator von San Marco verschönerte man das Gebäude schließlich 1750 mit Stuck und wertvollen Gemälden – darunter jenem Leinwandbild von Giambattista Tiepolo, das einst die Decke des Speisesaals mit der Apotheose des Barbaro zierte und das sich heute in New York (Metropolitan Museum) befindet. Während seiner Venedigbesuche wohnte Henry James vorzugsweise in diesem Palazzo und schrieb dort seine *Wings of the Dove*.

32 PALAZZO SORANZO PIOVENE

Anfang des 16. Jahrhunderts,
zugeschrieben an Sante Lombardo
Terrazzoboden von 1753
Hof: zeitgenössisches Pflaster aus euganeischem Trachyt und istrischem Stein, zugeschrieben an Lombardo
Cannaregio 2174
Sitz des »Ispettorato generale della guardia di finanza«

Die ursprünglich aus Vicenza stammende Familie Piovene wurde 1655 in das venezianische Patriziat aufgenommen, nachdem Antonio Piovene und seine Brüder 100.000 Dukaten gezahlt hatten. Antonios Sohn Girolamo heiratete 1670 Cecilia, die Tochter von Pietro Soranzo, deren Mitgift der vermutlich von Sante Lombardo entworfene Palazzo war: ein vornehmer Renaissancebau. Noch aus dem 16. Jahrhundert stammt der Hof, der noch heute den Brunnen umgibt. Original aus dieser Zeit erhalten blieb übrigens – einzig in Venedig – das diagonal über die Wand gelegte Eisenrohr, das damals die verschiedenen Stockwerke mit Wasser zu versorgen hatte. Zwischen 1748 und 1753 erfuhr der Palazzo eine umfassende Restaurierung, wobei Coriolan Piovene den Gartenflügel erweitern ließ. Seiner Initiative sind auch die vier großen Leinwandgemälde zu verdanken, auf denen ein anonymer Maler des Veneto im 18. Jahrhundert für die Wände des Eingangsbereichs die Krönung der Dogaressa Zilia Dandolo – der Frau des Dogen Lorenzo Priuli – darstellte. Darüber hinaus ließ der Auftraggeber weitere Zimmer mit Stuck und Fresken zu mythologischen Sujets ausstatten; erwähnt seien hier die Arbeiten von Francesco Zugno im Saal der Allegorien. Doch das wirklich Außergewöhnliche in diesem Palazzo ist sein Steinboden: Im Zentrum des zum Canal Grande orientierten Saals befindet sich der einzige venezianische Terrazzoboden mit perfekt gestalteten mythologischen Themen, die römische Mosaiken des 2. und 3. Jahrhunderts von Zypern und der nordafrikanischen Küste wachrufen.

33 CA' TRON

1570–80
Terrazzoboden um 1772
Hof: zeitgenössisches Pflaster in Masegni und istrischem Stein
Santa Croce 1957
Institut für Architektur der Universität Venedig

Das Gebäude wurde in der zweiten Hälfte des 16. Jahrhunderts renoviert und in den ersten Jahren des 18. Jahrhunderts gravierend verändert, indem man zwei Seitenflügel und einen großen Ballsaal anbaute – letzterer jenseits des Hofs und heute zerstört. Die Planung hierfür ging wahrscheinlich auf Antonio Gaspari zurück, was gewisse Analogien zur Ca' Zenobio nahelegen. Im Ecksaal zeigt der prächtige Steinboden symbolische Motive in Anspielung auf die Persönlichkeit von Caterina Dolfin, die 1772 den betagten Prokurator Andrea Tron geheiratet hat. Diese gebildete Dame – in Arkadien mit dem Beinamen Dorina Nonacrina versehen – war für ihren literarischen Zirkel und progressive Ideen berühmt.

34 GALLERIE DELL'ACCADEMIA

15. Jahrhundert, Bartolomeo Bon
Mehrfarbiger Marmorboden von 1755–66, entworfen von Bernardino Maccaruzzi
Dorsoduro 1050, Campo della Carità

Die im Jahre 1206 entstandene Scuola di Santa Maria della Carità, auch Scuola dei Battuti (der Flagellanten) genannt, ist die älteste unter den großen Scuole. Als Laienbruderschaft auf gegenseitige Wohltätigkeit und Hilfeleistung ausgerichtet, hatte sie als Symbol ein griechisches Kreuz, eingepaßt und verflochten in zwei Kreise. Im Inneren des gotischen Baus hat sich im Kapitelsaal die reichverzierte Holzdecke erhalten, die, vom *Guardian Grande* Ulisse Aliotto in Auftrag gegeben, 1461 begonnen und 1484 vollendet worden war. Zwischen 1755 und 1766 erfuhr das Gebäude mehrere Umbauten: Außen veränderte man die Fassade durch den Einbau einer zusätzlichen Türe, während im Inneren das Vestibül entstand und Bernardino Maccaruzzi – nach dem Entwurf seines Lehrers Giorgio Massari – eine doppelläufige Treppe errichtete, auf der zwei Statuen von Giovan Maria Morlaiter den Glauben und die Liebe verkörpern. Obwohl beweiskräftige Dokumente fehlen, darf man Maccaruzzi auch als Entwerfer der Böden von Treppenabsätzen und großem Saal betrachten. Diese sind zwar künstlerisch von hohem Rang, insgesamt aber völlig zusammenhanglos, weshalb wir kategorisch ausschließen können, daß es sich um ein Werk von Massari handelt: Schließlich war der Architekt, der den Abschluß der Arbeiten nicht mehr erlebte, dafür bekannt, besondere Sorgfalt auf die globale Wirkung und Stimmigkeit seiner Eingriffe zu verwenden.

35 CASINO VENIER

Mitte des 18. Jahrhunderts, zugeschrieben an Bernardino Maccaruzzi
Zeitgenössischer Commessoboden, zugeschrieben an Maccaruzzi
San Marco 4939, Ponte dei Baretteri
Sitz der »Alliance Française«

Seit dem 16. Jahrhundert waren die Casini in Venedig »Vergnügungsstätten« für galante Treffen, schöngeistige Unterhaltungen und Glücksspiele. Mit ihren Standorten auf der Giudecca oder in ländlichen Gefilden, in den Mezzaninen der Palazzi und vor allem rund um den Markusplatz wurden sie im 18. Jahrhundert berühmt: zum einen wegen ihrer hoch angesehenen Besitzer und Gäste, zum anderen aufgrund ihrer raffinierten Ausstattung. Trotz diverser Eingriffe und Schließungen seitens der staatlichen Ermittler existierten beim Fall der Republik gut 136. Von den bis heute erhaltenen ist das Casino Venier in besonders gutem Zustand. Laut Vermerk in der Mappe 427 des Grundbuchs der Priuli gehörte es am 14. Februar 1707 dem Prokurator Federico Venier und war zur ausdrücklichen Nutznießung von dessen Frau Elena Priuli – einer gebildeten und raffinierten Dame – bestimmt. Das Casino Venier ist auch Schauplatz einer Anzeige, die im Archiv der Inquisitoren erhalten ist: Am Tag des 19. Juli 1792 hatte der Agent Marco Barbaro nicht nur einen gewissen Messer Giacobi in Begleitung einer Schauspielerin dort hineingehen sehen, sondern außerdem zahlreiche französisch sprechende Männerstimmen vernommen, obwohl der Adel damals theoretisch nicht mit Fremden verkehren durfte. Das etwas abgelegene Casino ist von außen durch den Liagò mit dem Wappen der Venier zu erkennen, eine Art Aussichtsbalkon mit Blick auf den Ponte dei Baretteri, so daß man von dort aus das Getriebe der Mercerie verfolgen konnte. In dem sichtlich unscheinbaren Hausflur öffnet sich eine kleine Seitentüre, über die man auf einer geraden Treppe direkt zu einer kleinen Wohnung gelangt, deren exquisite Ausstattung aus dem 18. Jahrhundert völlig intakt geblieben ist: freskierte Decken, stuckierte Wände und Spiegel mit Gittern – durch diese lauschte man den Musikern, ohne sie zu sehen – majolikaverkleidete Kamine, Böden aus kostbarem Marmor mit perspektivischen Mustern und dem unverzichtbaren Spion, Türstöcke und untere Wandteile aus rosa Veroneser Marmor und schließlich Türen und fingierte Schränke aus Wurzelholz und Palisander, welche die Geheimgänge kaschierten. Restauriert vom französischen Komitee zum Erhalt Venedigs und finanziell durch die Unesco unterstützt, beherbergt das Casino seit 1987 die »Alliance Française«.

36 LIBRERIA MARCIANA

1537–54, Jacopo Sansovino
Mehrfarbiger Marmorboden: Treppenabsätze von 1559; Vorzimmer und Saal von 1776, ausgeführt von Angelino Canciani und Francesco Bonazza für die Scuola Grande della Misericordia und 1815 hierher übertragen
Piazzetta San Marco
»Biblioteca Nazionale Marciana«

Francesco Sansovino schilderte in seiner *Venetia città nobilissima*... die Bibliothek mit folgenden Worten: »Wenn man an den Palazzo gelangt, erblickt man den modernen Bau, der *Libreria* genannt wird. Sein Vorsaal dient der öffentlichen Unterweisung durch vom Senat bezahlte Lektoren, welche die Jugend in griechische und lateinische Literatur einführen. Hier ist die Bibliothek von San Marco untergebracht, die genauso beachtlich ist, wie jede beliebige Bibliothek in irgendeinem Teil von Italien.« 1536 war die Bibliothek seinem Vater Jacopo Sansovino mit der Aufgabe anvertraut worden, die von Francesco Petrarca und Kardinal Bessarione geschenkten Handschriften zu verwalten, darüber hinaus die Bibliothek der Kardinäle Hieronimo Leandro della Mota und Grimani, die sich damals über der Kirche San Marco befand. Die prachtvolle Treppenanlage – mit Gold, Schnitzereien, Stuck, Marmor und Malereien – steht der »Scala d'Oro« des Dogenpalastes in nichts nach, deren gegenwärtige Erscheinungsform auf Alessandro Vittoria zurückgeht, der zwischen Februar 1559 und April 1560 dort arbeitete. Auf den beiden Treppenabsätzen der Libreria stehen sechs Säulen aus orientalischem Kompositmarmor, die aus der baufälligen Basilika Santa Maria in Cannedolo in Pola stammen und 1541 von Sansovino selbst nach Venedig transportiert worden waren. Noch im Jahr 1570, als Sansovino starb, war das Gebäude unvollendet; später wurde es mehrfach erheblich verändert durch Umbauten, die nicht immer glücklich waren: angefangen mit dem Eingriff von Vincenzo Scamozzi gegen Ende des 16. Jahrhunderts, bis hin zur Zeit nach dem Fall der Republik, als 1811 die Procuratie Nuove und die Libreria für den französischen Kaiser und seinen Vizekönig zum Wohnhaus umgestaltet wurden.

37 PALAZZO LOREDAN BEI SANTO STEFANO

Erste Hälfte des 16. Jahrhunderts, Antonio Abbondi, genannt Scarpagnino, Ergänzungen aus der ersten Hälfte des 17. Jahrhunderts, Giovanni Grapiglia
Terrazzoboden von 1760 und 1807
San Marco 2945, Campo Santo Stefano
Sitz des »Istituto Veneto di Scienze, Lettere e Arti«

Die Nachkommen des Dogen Loredan – den Gentile Bellini so trefflich in einem Gemälde porträtiert hat (heute: London, National Gallery) – erwarben 1536 von Domenico Mocenigo einige Häuser in San Vidal. Francesco Sansovino zufolge ließen sie diese kurz darauf zu »moderner Architektur« umbauen, wahrscheinlich durch Antonio Abbondi, genannt Scarpagnino. Die breite verputzte Fassade am Campo zeigte bis zur Mitte des 17. Jahrhunderts Fresken mit römisch-antiken Themen von Giuseppe Salviati und Giallo Fiorentino. Am 1618 von Giovanni Grapiglia ergänzten Seitenflügel – irrtümlich hatte man ihn in den ersten Jahren des 19. Jahrhunderts Andrea Palladio zugeschrieben – dominieren durch die Marmorverkleidung und den Säulenrhythmus kräftige Helldunkelwerte sowie angenehme Proportionen. Im Inneren befindet sich ein quadratisches Atrium, das man durch zwei monumentale symmetrische Tore vom Wasser oder festen Boden aus betritt; dort schuf vermutlich Scarpagnino ein theatralisches Treppenhaus aus mehreren Rampen mit Bögen und Säulen. In den letzten Jahren seines Dogenamtes ließ Francesco Loredan 1760 einen großen Teil des Piano Nobile neu ausstatten: Davon zeugen heute nur noch ein zum Fluß orientierter Saal und eine – wahrscheinlich im Umkreis von Abbondio Stazio – reich stuckierte Kammer. 1806 schließlich wurde der Palazzo Wohnsitz von General Baraguay d'Hilliers, dem ersten französischen Gouverneur in Venedig; dieser beauftragte 1807 Canovas Schüler Giovanni Carlo Bevilacqua mit einigen napoleonischen Fresken, die freilich bei der Rückkehr der Österreicher 1814 zerstört wurden. Die Steinböden entstammen derselben Zeit, wirken aber aufgrund der fehlenden Deckenfresken etwas isoliert.

38 PALAZZO VENDRAMIN BEI »I CARMINI«

Zweite Hälfte des 17. Jahrhunderts
Terrazzoboden von 1770–75
Dorsoduro (privat – Besichtigung nicht möglich)

Das Gebäude verfügt über eine einzigartige Aufteilung: Seine Hauptfassade weist zu den rückwärtigen Anlagen und Gärten, während die untergeordnete Ansicht – ein durch eine Mauer befriedeter Hof mit der Eingangstür – an dem Fondamenta genannten Fußweg am Kanal liegt, gegenüber der Carmini-Kirche (Santa Maria del Carmelo). Die barocke Bauweise des Palazzo manifestiert sich in seinen hohen Fenstern, deren Dekorationen die vertikalen Akzente noch verstärken. Ein an Longhena inspiriertes doppeltes Eingangsportal mit Marmor- und Stuckreliefs verbindet das Treppenhaus mit dem *Pòrtego* im Hauptgeschoß. Alle Räume verfügen über Stuck, Fresken und qualitätvolle Terrazzoböden.

39 PALAZZO BONFADINI VIVANTE

Ende des 18. Jahrhunderts
Terrazzoboden von 1776
Cannaregio 461
Sitz der »Azienda multiservizi ambientali veneziana«

Der ansehnliche, doch äußerlich eher schlichte, langgestreckte Bau entstand im ausklingenden 18. Jahrhundert an der Stelle mehrerer unbedeutender Häuser. Von zwei Kanälen her – einem seitlichen, der heute zugeschüttet ist, und dem Cannaregio-Kanal, dem die Fassade mit dem Hauptportal zugewandt ist – wird das Licht reflektiert und durchflutet die prächtigen Innenräume. 1993 wurde der Palazzo vom gegenwärtigen Besitzer, der »Azienda multiservizi ambientali veneziani«, restauriert: Dabei blieb die elegante Stuckierung von Giuseppe Castelli gewahrt, die ebenfalls ans Ende des 18. Jahrhunderts zu datieren ist. Anhand von Stilvergleichen lassen sich demselben Künstler auch die raffinierten, weißgrundigen Terrazzoböden zuordnen. Luftige Landschaftsfresken von Giovancarlo Bevilacqua, Giuseppe Borsato und Giovambattista Canal sowie Stuck von Castelli erweitern den Raum an Wänden und Decken.

40 CASA ALBERTI

Ende des 16. Jahrhunderts

Terrazzoboden aus der zweiten Hälfte des 18. Jahrhunderts, 1908 restauriert von Giovanni Bortolazzo

Dorsoduro (privat – Besichtigung nicht möglich)

Tassini berichtet, Gerolamo Alberti aus Florenz sei 1658 als echter Bürger der Stadt anerkannt worden und habe 1688 die Häuser in San Barnaba von Elisabetta Priuli, der Witwe von Leonardo Loredan, erworben. 1711 informierte er den Zehnerrat über den Besitz seines Wohnhauses sowie einiger umliegender Häuser, von denen eines seit geraumer Zeit leerstand, »weil das Vergnügen des Faustkampfes dort nicht mehr stattfand«. Zur Familie zählten »Staatssekretäre«, die auswärts wohnten und deren bekanntester Francesco war, ein Ingenieur und Oberaufseher des Waffenarsenals zur Zeit der Belagerung von Prag (1657). Seine drei Söhne kamen am Hof des rheinischen Kurfürsten zu einigem Ruhm. Auf den Kanal und zum Campo hin präsentiert das viergeschossige Gebäude eine schlichte Fassade aus dem 16. Jahrhundert mit doppelten venezianischen Fenstern und mit Balkonen, die – dem zweifachen Eingang entsprechend – auf das doppelte Piano Nobile hindeuten. Gegen Ende des 18. Jahrhunderts stattete man das Piano Nobile mit Stuck an den Decken und Wänden sowie neuen Terrazzoböden aus, wobei letztere sich auf die Stuckmotive beziehen. Den ältesten Boden, bemerkenswert wegen seines ausgefallenen Rosettenmusters im äußeren Streifen, besitzt ein Korridor aus dem 16. Jahrhundert, der zum Innenhof führt, während der Boden des zum Kanal orientierten Eckzimmers einige Jahre später entstand und in der Mitte eine Insel zeigt, die einen asymmetrischen Garten aufweist: Auf diesen gleitet ein Papagei hernieder, wie er ähnlich im zeitgleichen Boden des Palazzo Bonfadini zu sehen ist.

41 PALAZZO MOCENIGO BEI SAN SAMUELE

1570–90

Terrazzoboden von 1788

San Marco (privat – Besichtigung nicht möglich)

Vincenzo Maria Coronelli, im 17. Jahrhundert Kartograph der Republik Venedig, schrieb den 1579 noch unvollendeten Palazzo ohne jeglichen Anhaltspunkt Andrea Palladio zu. Der bislang unbekannte Baumeister stand jedoch mit Gewißheit in der Tradition jenes großen Architekten. Ein Stich von Giuseppe Filosi zeigt außer den baulich-strukturellen Besonderheiten des Baus vor allem das Eintreffen der Gäste anläßlich des prunkvollen Empfangs, den Pisana Corner Mocenigo 1716 Friedrich August III. von Dänemark bereitet hat. Als Alvise Mocenigo 1788 Prokurator von San Marco wurde, brachte man die Bauarbeiten diverser Häuser der Mocenigo zum Abschluß, so auch den prächtigen Steinboden im Ecksaal. 1818 logierte hier Lord George Gordon Byron, und auf einem nur wenig später entstandenen Stich mit dem Bildnis des großen Dichters ist der bis heute erhaltene Boden zu erkennen.

42 PALAZZO MOCENIGO BEI SAN STAE

Anfang des 17. Jahrhunderts

Terrazzoboden von 1787

Santa Croce 1992

Sitz des »Centro per lo studio del tessuto«

Die Familie Mocenigo von San Stae war eine Nebenlinie der Familie von San Samuele. Das bereits 1500 auf der Karte von Jacopo de' Barbari verzeichnete Gebäude erhielt sein gegenwärtiges Erscheinungsbild zu Beginn des 17. Jahrhunderts, als Alvise I., Verwalter in Dalmatien, den Palazzo erweiterte, indem er die angrenzenden Häuser der Familie Lando erwarb. Die Steinböden gehen dagegen auf das Jahr 1787 zurück. Damals renovierte ein anderer Alvise anläßlich der Hochzeit seines Sohnes mit Laura Corner das Innere des Palazzo mit Fresken des Jacopo Guarana, Agostino Mengozzi (genannt Il Colonna) und Giovan Antonio Zanetti. Der Bau – er gelangte später laut Vermächtnis des letzten Abkömmlings Alvise Nicolò an die Stadt Venedig – repräsentiert das typische Patrizierhaus aus dem 18. Jahrhundert, das auch in seiner kostbaren Ausstattung nahezu unangetastet erhalten blieb.

43 HAUS BEI SANTO STEFANO

16. Jahrhundert

Terrazzoboden um 1830, 1975 restauriert von Francesco Crovato

San Marco (privat – Besichtigung nicht möglich)

Giannantonio Moschini beschrieb 1818 in seinem *Itinéraire de Venise*, an der Fassade des Palazzo aus dem Besitz der Barbaro seien noch Spuren des großen Freskos von Sante Zago sichtbar, das in völligem Einklang mit dem Szenarium des gegenüberliegenden Campo Santo Stefano konzipiert und gemalt worden war. Wie der benachbarte Palazzo Cavalli Franchetti gehörte auch dieses Bauwerk – mit seiner schönen asymmetrischen Renaissancefassade und zwei von istrischem Stein umrahmten Portalen – vorübergehend der Familie Cavalli, wovon das Fußbodenwappen im Eingangsbereich des Erdgeschosses zeugt.

44 CAFÉ FLORIAN

1858, Lodovico Cadorin
Zeitgenössischer Boden in Glasmosaik, wahrscheinlich entworfen von Cadorin
San Marco 56–59, Procuratie Nuove

Im 18. Jahrhundert waren die Cafés – von denen es mindestens 26 allein am Markusplatz gab – nicht nur Stätten der Begegnung und des Spiels, sondern auch lebendige Kulturzentren. Floriano Francesconi eröffnete am 29. Dezember 1720 unter den Procuratie Nuove »La Venezia Trionfante«: ein Geschäft, das später mit dem Namen Café Florian zu einer echten Institution Venedigs avancierte. Frequentiert von namhaften Persönlichkeiten wie Jean-Jacques Rousseau, Francesco Guardi und Gasparo Gozzi, der es zum Sitz seiner *Gazzetta Veneta* machte, ging das Lokal nach dem Tod seines Begründers 1773 an dessen Enkel Valentino über und wurde noch weitaus berühmter. Hier empfingen Ippolito Pindemonte und Ugo Foscolo, es verkehrten Antonio Canova und der Satirendichter Pietro Buratti, die Patrioten Silvio Pellico, Daniele Manin und Niccolò Tommaseo, und auf seinen harten Kanapees entspannte sich auch John Ruskin zwischen zwei Skizzen von den Kapitellen des Dogenpalastes. 1857 – nach einem Besitzerwechsel und einer kompletten Renovierung durch Lodovico Cadorin – gewann das Café Florian sein bis heute erhaltenes raffiniertes Aussehen. Damals erneuerte man auch den Boden, und es ist nicht auszuschließen, daß dessen Gestaltung demselben Architekten zu verdanken ist. In diesem neu erstandenen Café Florian verabredeten sich die Besucher der ersten Biennale im Jahr 1895, später Marcel Proust, Sergej Diaghilev, Serge Lifar, Gabriele D'Annunzio, Eleonora Duse, Melville, Tom Pine, die Marchesa Casati und die Contessa Morosini. Noch heute fungiert das Café Florian als magische Vitrine des Markusplatzes: Man möchte sehen und gesehen werden.

45 PALAZZO CAVALLI FRANCHETTI

15. Jahrhundert, rekonstruiert 1878–82 von Girolamo Manetti, Carlo Matscheg und Camillo Boito
Zeitgenössischer Commessoboden
San Marco 2847, Campo San Vidal
Sitz des »Istituto federale delle casse di risparmio«

Dieses außergewöhnliche Beispiel für den venezianischen Flamboyant-Stil des 15. Jahrhunderts schrieb Giandomenico Romanelli dem Umkreis der Künstler Roberti oder Bon zu, die sowohl im Dogenpalast als auch in der Ca' d'Oro arbeiteten. Am 9. Februar 1878 veräußerte der Count of Chambord, nachdem er Giambattista Meduna mit der Restaurierung betraut hatte, den Palazzo an Baron Franchetti, der bis 1922 sein Eigentümer blieb. Unmittelbar nach dieser Transaktion begannen wiederum umfangreiche Restaurierungsmaßnahmen seitens des Ingenieurs Girolamo Manetti, Carlo Matscheg aus Belluno sowie später Camillo Boito. Matscheg schuf in den achtziger Jahren des 19. Jahrhunderts die weite Eingangshalle und wahrscheinlich auch den Steinboden im Erdgeschoß mit seinen zugespitzten geometrischen Elementen.

46 CA' VENIER CONTARINI

16. bis 18. Jahrhundert
Terrazzoboden von 1892
San Marco (privat – Besichtigung nicht möglich)

Die Renaissance-Fassade des eher bescheiden dimensionierten Palazzo weist zum Canal Grande hin und ersetzt eine ältere gotische Version, von der nur noch das Gesims zeugt. Im 18. Jahrhundert ergänzte man die mit Voluten verzierte Mansarde, während die Umgestaltung des Inneren erst gegen Ende des 19. Jahrhunderts erfolgte, wie das Datum auf der Treppe zum zweiten Hauptgeschoß bestätigt. Von besonderem Interesse ist der Steinboden im Hauptsaal des zweiten Piano Nobile, der in Gestaltung und Materialwahl stark an einen der Böden im Mezzanin des Palazzo Barbarigo erinnert.

47 PALAZZO CORNER CONTARINI CAVALLI

15. bis 17. Jahrhundert
Terrazzoboden von 1890, restauriert 1983 von Roberto Crovato
San Marco 3978
Berufungsgericht

Das Gebäude, benannt nach den beiden Pferden in der Helmzier der Wappen an der Fassade, wurde im Laufe der Zeit häufig verändert. Im Erdgeschoß, Zwischengeschoß und an der Fassade sind Reste des Flamboyant-Stils aus der Zeit um 1430 erhalten, beispielsweise die aufwendige sechsbogige Fensterreihe in der Mitte. Andere Eingriffe erfolgten an der Wende vom 16. zum 17. Jahrhundert, als der Familienstamm in den Palazzo in San Vidal übersiedelte. Schließlich kam es um die Mitte des 18. Jahrhunderts zu weiteren Umbauten und Renovierungsarbeiten: Auf diese Gelegenheit dürften die wahrscheinlich von Giacomo Guarana gemalten Deckenfresken zurückgehen. Gegen 1890 erhielt das Innere eine neogotische Prägung. Damals entstand der raffinierte Boden im heutigen Präsidiumssaal, den Antonio Foscari und Barbara Del Vicario auf vorbildliche Weise neu gestaltet haben.

48 BANCA COMMERCIALE ITALIANA

1875, Francesco Balduin
Terrazzo- und Commessoboden um 1893
San Marco 2188, Via XXII Marzo

Nach dem Fall der Republik vollzogen sich in der Stadt grundlegende Veränderungen. Dank der Erfahrung und technischen Fertigkeiten von Architekten, Künstlern und

Handwerkern entstand der Mythos einer wissenschaftlich fundierten Fälschung: vom Neobyzantinismus über Neoromanik und Neogotik bis hin zur Neorenaissance. Ein unaufhaltbares ikonoklastisches Fieber entstellte die Stadt. Durch einen Beschluß vom 27. August 1875 konnte der Kanal San Moisè zum heutigen Calle Larga XXII Marzo werden, und der Ingenieur Francesco Balduin plante die neue Straßenfront mit Bauwerken im Stil von Pietro Lombardo. Zu seinen Entwürfen zählt das Bankgebäude, eine Konstruktion mit Anklängen an die Renaissance. Im übrigen ist es typisch für den bürgerlichen Manierismus und zeichnet sich durch seine wohldurchdachte Anlage aus, durch ein formal präzises Umsetzen der klassischen Kanons der Architektur, durch Raffinesse in den Details und den Einsatz kostbarer Werkstoffe sowohl im Außenbereich als auch bei der Innenausstattung. Die Steinböden gehören wegen ihrer delikaten Ausführung, ihrer wertvollen Materialien, der farblichen Abstimmung sowie der außergewöhnlichen perspektivischen Effekte – die auf Wand- und Deckendekoration wirkungsvoll zurückgreifen – zu den schönsten ihrer Zeit.

49 CA' D'ORO

1421–43, Matteo Raverti
Boden von 1896 in Opus sectile *und* Opus tessellatum, *ausgeführt von Baron Giorgio Franchetti*
Cannaregio 3933, Calle della Ca' d'Oro
»Galleria Franchetti«

Das berühmteste Privatgebäude in Venedig hatte Marino Contarini in Auftrag gegeben, der einer der bekanntesten Familien jener Zeit angehörte. So schufen der Steinmetz Matteo Raverti und der Maurermeister Marco di Amadio dieses außergewöhnliche Bauwerk im Flamboyant-Stil der ersten Hälfte des Quattrocento. Trotz seines hoch angesehenen Auftraggebers wird der Palazzo wegen seiner prächtigen Gesamterscheinung schon in den ersten Dokumenten im 15. Jahrhundert »Ca' d'Oro« (goldenes Haus) genannt: Die Fassade strahlte regelrecht von buntem Marmor, Intarsien aus mehrfarbigen runden Steinscheiben, gekrönt von goldenen Kugeln. Und als wäre all dieser Glanz noch nicht genug gewesen, erhielt 1431 der Maler Zuane de Franza (Jean Charlier) den Auftrag, die Farben von Marmor und Stein zu verstärken und außerdem Profile und Reliefs durch Gold, Rot, Ultramarinblau, Schwarz und Bleiweiß herauszuheben: ein Farbeffekt, der dank der kürzlich erfolgten Restaurierung auch heute noch teilweise zu bewundern ist. Am Ende des 19. Jahrhunderts erwarb Baron Giorgio Franchetti die Ca' d'Oro, um dort seine Sammlungen unterzubringen. Als einzigartiger Mäzen ließ er sämtliche neogotischen Zutaten entfernen, die Giambattista Meduna gegen 1840 für den Prinzen Alexander Trubetskoi ausgeführt hatte, bevor dieser das Haus der Tänzerin Maria Taglioni schenkte. Franchetti war von dem Gebäude derartig begeistert, daß er eigenhändig – und unter dem Eindruck der Mosaiken von San Marco – den Boden des *Portègo* aus kostbarem, mehrfarbigem Marmor und antiken Stücken erstaunlichster Provenienz gestaltete.

50 HAUS BEI SANTA MARIA DELLA SALUTE

1935, Fabrizio Clerici
Zeitgenössischer Boden in Commesso, Terrazzo und Mosaik, entworfen von Clerici und ausgeführt von Antonio Crovato
Dorsoduro (privat – Besichtigung nicht möglich)

Dieses Haus mit Blick auf den Canal Grande und die Giudecca – gegenüber den Voluten von Santa Maria della Salute – umschließt mit einer unscheinbaren Hülle ein sehr elegantes, ausgefallenes Inneres. Gerade durch die technisch traditionellen Steinböden definierte der Architekt die Funktionen der einzelnen Räume. Das weiß-graue Mosaik der Terrasse orientiert sich an den kostbaren Marmorranken der Außenwände von Santa Maria Assunta dei Gesuiti. Die Böden im ersten Stock bestehen dagegen aus Terrazzo; und im Hauptsaal, wegen der in Stuckrahmen integrierten Allegorien der zwölf Monate »Maggiotto« genannt, begegnen wir dem gleichen Motiv wie im Alkovenzimmer des Palazzo Papadopoli. Das Erdgeschoß schließlich verfügt über Commesso- und Terrazzoböden. Große vergoldete Voluten in barocker Manier schmücken den weißen Marmor im Eingangsbereich, während im Speisezimmer auf einem gleichen Marmorbelag ein goldener Stern mit Lapislazuli prangt: Ähnlich ist die Tischplatte gestaltet.

51 HOTEL BAUER GRÜNWALD

1890, Giovanni Sardi
1938, Giovanni Berti
Terrazzoboden von 1938, ausgeführt von den Brüdern Crovato
San Marco 1458

Im Jahr 1890 entwarf Giovanni Sardi ein neogotisches Gebäude als Herberge und Brauerei, die gegen Ende des 19. Jahrhunderts sehr bekannt war. Für dieses Vorhaben mußten der Palazzo Manolesso-Ferro im Stil des Pietro Lombardo und ein kleines angrenzendes Haus weichen. 1938 wurde der Bau dann durch Giovanni Berti aufgestockt und vergrößert, und zwischen 1944 und 1949 ersetzte man Sardis schlichte, dem Campo San Moisè und dem gleichnamigen Kanal zugewandte Fassade durch ein pseudo-rationalistisches, mit Travertin verkleidetes Äußeres, was schlecht zum architektonischen Gesamtgefüge paßt. Eingebunden in diesen Komplex überdauerte die Fassade der Scuola dei Fabbri aus dem 17. Jahrhundert, während der Hof, das Gäßchen und die

Barozzi-Brücke 1944 in nur einer einzigen Nacht auf geheimnisvolle Weise verschwanden.

52 HOTEL CIPRIANI

1956
Zeitgenössischer Terrazzoboden, gestaltet von Gerald Gallet
Giudecca 110

1956 unterbreitete Giuseppe Cipriani, der Eigentümer von Harry's Bar, seinen vornehmsten Kunden eine Idee, die seit vielen Jahren in ihm herangereift war: Er wollte ein Hotel bauen, das fernab der Touristenströme und dennoch nur wenige Minuten vom Markusplatz entfernt sein sollte. Nachdem er die wohlhabende Adelsfamilie Guinness für sein Vorhaben begeistert hatte, machte er sich auf die Suche und fand eine geeignete Stelle am zum Markusplatz orientierten Ende der Giudecca: auf jenem Gelände mit Blick auf die Gärten der Chiesa delle Zitelle (Santa Maria della Presentazione), wo sich einst das 1767 aufgelassene Kamaldolenserkloster San Giovanni Battista befunden hatte. Man erzählt, die Bezeichnung »Zitelle« (Jungfern) gehe darauf zurück, daß in diesem Kloster Töchter des venezianischen Adels in strenger Klausur gelebt haben. Noch heute umgibt der »Garten Casanovas« – benannt nach dem Verführer, der Tag und Nacht den eingeschlossenen Mädchen nachstellte – das Hotel: Letzteres ist ein langgestreckter, niedriger Bau, verborgen im Grünen und mit Aussicht auf das Schwimmbecken, auf die Insel San Giorgio und die Lagune.

53 LADEN AM MARKUSPLATZ

1957–58, Carlo Scarpa
Zeitgenössischer Mosaikboden, entworfen von Scarpa unter Mitarbeit von Carlo Maschietto, ausgeführt von Antonio Crovato
San Marco 101, Procuratie Vecchie

Nur Venedig, wo sich Schönheit und Häßlichkeit gleichermaßen offenbaren, konnte in seinem Herzstück – auf dem Markusplatz – das Geschäft Olivetti aufnehmen, als wäre es schon immer dort. Und nur ein echter Venezianer mit der Feinfühligkeit eines Carlo Scarpa war fähig, ein baufälliges Relikt unmittelbar neben einer Art dunkler Bedürfnisanstalt zu einem privilegierten Aussichtspunkt auf das schönste Wohnzimmer der Welt zu verwandeln, das durch eine Kontinuität zwischen Äußerem und Innerem, akzentuiert mittels hauchdünner Trennwände, Räume und Fluchtpunkte vervielfacht und ständig wechselnde Blickwinkel und Emotionen erzeugt. Der Boden aus Glasplättchen reflektiert das Licht, das durch große Fensterflächen eindringt, so daß sich all diese Empfindungen noch verstärken.

54 FONDAZIONE SCIENTIFICA QUERINI STAMPALIA

1961–63, Carlo Scarpa
Zeitgenössischer Mosaikboden, entworfen von Scarpa unter Mitarbeit von Carlo Maschietto, ausgeführt von Luciano Zennaro
Castello 4778, Campo Querini Stampalia

Der Eingriff von Carlo Scarpa machte das Erdgeschoß wieder nutzbar, indem er die zum Kanal weisende Fassade aufwertete. Große Öffnungen gewähren Licht und Wasser freien Zutritt und bewirken eine gewisse Symmetrie mit dem rückwärtigen Garten. Spielerisch geleiten Stufen und Stege den Besucher und beleben den Raum. Der Zugang über eine japanisch anmutende Brücke – mit aufwendigen Details und Materialien – führt über diagonal gestellte Stufen zum kleinen Eingang, dessen funkelnder Marmorbelag aus kleinen bunten Quadraten an die Raumexperimente des Freundes Mario De Luigi anknüpft und den eine an den Außenmauern entlangführende Rinne aus istrischem Stein säumt, die das Wasser ein- und ausfluten läßt.

55 PALAZZO REMER

Anfang des 15. Jahrhunderts, 1985–86 erneuert von Paolo Piva
Boden von 1986, entworfen von Paolo Piva
Cannaregio (privat – Besichtigung nicht möglich)

Mit der Vorderfront weist das Gebäude zum Canal Grande hin, doch der ebenerdige Eingang befindet sich am Campiello del Remer, so benannt nach einer nahegelegenen Ruderwerkstatt. Dies ist eine der eindrucksvollsten und malerischsten Stellen in Venedig, und hier stand einst ein gotischer Bau der Familie Lion, von dem lediglich die herrliche Außentreppe mit großen Arkaden erhalten ist, die John Ruskin dargestellt hat. Auch der kleine Palazzo Remer zeigt trotz seiner späteren Entstehung gotische Formen; sein Piano Nobile weist ein dezentral plaziertes Triforium mit durchgehendem Balkon auf, und ein Gurtgesims markiert deutlich den Übergang zwischen Erdgeschoß und den oberen Stockwerken. In dem von Asymmetrie beherrschten Gesamtkonzept ist einzig und allein der Zugang vom Wasser her zentral angeordnet. 1986 unternahm der Architekt Paolo Piva eine radikale Restaurierung des gesamten Gebäudes, wobei auch die Böden im Inneren vollständig erneuert wurden. Diese Arbeiten führte die Firma Asin nach der traditionellen Technik venezianischer Fußböden durch, allerdings mit modernen, eigens von Piva entworfenen Motiven.

56 PALAZZO ALBRIZZI

Um 1600 und 1648–92
Boden von 1986 aus Vicentiner Sandstein nach den Entwürfen von Pia Nainer, Antonio Foscari und Ferruccio Franzoia, ausgeführt von Paolo Morseletto
San Polo (privat – Besichtigung nicht möglich)

Unweit des Campo Sant'Aponal und etwas abgelegen vom Canal Grande, wurde dieser Palazzo im 16. Jahrhundert für die Familie Bonomo erbaut und zwischen 1648 und 1692 von den Albrizzi erworben. Im heutigen Gartenbereich stand seit 1636 das Theater San Cassiano als das erste öffentliche Theater in Europa. Im Inneren dieses architektonisch strengen Bauwerks haben sich die prächtigsten Stuckdekorationen von Venedig erhalten: Zu nennen sind hier vor allem diejenigen im Mezzanin und im Ballsaal, die Abbondio Stazio zugeschrieben werden. Im obersten Stockwerk des Palazzo befindet sich ein großer Mansardenraum in Form eines umgedrehten Schiffsrumpfes, der dadurch zum Leben erweckt ist, daß er eine alte Büchersammlung (die Bibliothek der Zenobio) aufnimmt und verwahrt. Durch Öffnungen nach allen vier Himmelsrichtungen ergeben sich umfangreiche perspektivische Panoramen von ganz Venedig und der Lagune: Ausschnitte von Fassaden, Kuppeln, Türmen und Dächern erhalten aus diesem Blickwinkel ungeahnte Wertigkeiten.

57 PALAZZO LEZZE BEI SANTO STEFANO

15. Jahrhundert
Boden von 1990 aus Trachyt-Platten, entworfen von Antonio Foscari und Barbara Del Vicario unter Mitarbeit von Ferruccio Franzoia, ausgeführt von Paolo Morseletto
San Marco (privat – Besichtigung nicht möglich)

Bis zum Beginn des 18. Jahrhunderts bot der ganze Campo Santo Stefano ein fröhliches gemaltes Szenarium, und der Palazzo Lezze sowie die zwei benachbarten Häuser präsentierten mündlicher Überlieferung zufolge Fresken von Giorgione. Bei dem ursprünglich nur zweigeschossigen Palazzo mit doppeltem Eingang sieht man heute die Ziegel des Mauerwerks, außerdem zwei große zentrale Fenster mit sieben spitzbogigen Öffnungen, wobei im ersten Stock dieser Bereich in ein Feld aus griechischen Marmorplatten eingebettet ist. Die kürzlich erfolgte Restaurierungsmaßnahme stellte die räumliche Einheit zwischen Eingangshalle und rückwärtigem Hof – mit dem Brunnen als Brennpunkt – wieder her und erweiterte den Raum durch die große Öffnung, vor allem aber mit Hilfe der durchgehenden langen, glatten Trachyt-Streifen am Boden: ein Material, das man normalerweise nur im Freien verwendet. Das durch die Glasscheibe diffundierte Licht steigert überdies solch typisch venezianische Materialien wie das Holz der Balkendecke oder die alten Ziegel der rückwärtigen Wand.

58 HOTEL LUNA

18. Jahrhundert, umgebaut 1992 von Carlo Aymonino und Gabriella Barbini
Mehrfarbiger Marmorboden von 1992, entworfen von Gabriella Barbini, ausgeführt von der Firma Menini
San Marco 1256

Seit dem 9. Jahrhundert diente dieser Bau als Unterkunft für jene Pilger, die sich aufmachten, um im Orient die mohammedanischen Massen niederzuschlagen, die unter dem Halbmond kämpften. Aus diesem Grund verlieh man dem Gebäude den bis heute gültigen Namen »hostaria della luna« (Schenke zum Mond). Als eines der ältesten Hotels in Venedig wurde der Bau 1992 von Carlo Aymonino und Gabriella Barbini grundlegend umgebaut. Die äußeren Fassaden, die zwar in ihrer Form aus dem 18. Jahrhundert erhalten blieben, erhielten einen völlig neuen Putz in der Technik des *Coccio pesto* (mit zerstoßenem Ziegel). Von besonderem Interesse sind die Marmorböden in der Eingangshalle und in den Rezeptionsräumen im Erdgeschoß, die sich in ihrer Gestaltung, in der Farbkombination und im verwendeten Material an vorgegebenen Mustern aus venezianischen Kirchen und Bruderschaften orientieren.

59 LABORATORIO ORSONI

19. Jahrhundert
Steinboden von 1996 von Lucio Orsoni
Cannaregio (privat – Besichtigung nicht möglich)

Gelegen am Calle dei Vedei – der Hinweis »Vedei« (Kälber) und die Nähe zum öffentlichen Schlachthof verraten, daß hier einst die Gewerbe um Nahrungsmittel und Tierzucht heimisch waren –, gehört das Gebäude zu einem rund 1500 m² großen Komplex aus drei Gebäuden, die um einen weiträumigen offenen Platz angeordnet sind, den wiederum eine zinnenbekrönte Mauer gegen die Gasse abschirmt. 1853 war die Anlage als Fabrik für Stearinkerzen entstanden, wurde dann wenig später zu einem Zentrum der Glasschmuckproduktion, um schließlich 1910 zur Werkstatt für Mosaiksteinchen von Angelo Orsoni zu avancieren, dem Begründer einer bis heute auf diesem Gebiet erfolgreich tätigen Dynastie, deren Produkte in allen fünf Kontinenten täglichen Einsatz finden. Seit jenem Gründungsjahr 1853 blieb die Räumeverteilung innerhalb des Gesamtkomplexes nahezu unverändert: Entlang des Rio del Battello – diese Bezeichnung spielt darauf an, daß es nicht möglich war, eine Brücke über kirchliches Territorium zu bauen, weshalb man hier das Wasser nur per Boot (battello) überqueren konnte – erstreckt sich der Bau, in dem die farbigen Plättchen hergestellt werden; ihn kennzeichnen eine Reihe von Pilastern sowie Tür- und Fensterrahmungen an der Innenhoffront. In dem älteren langen Gebäude an der Seite, das einst als Marionettentheater genutzt wurde, befindet sich heute das Lager für die Glasplättchen und Steine, deren mannigfaltige Farben eindrucksvoll das Innere erleuchten. Der neueste Teil der Anlage birgt die Werkstatt zum Gravieren und Schneiden der Steine, außerdem die Büros und Repräsentationsräume, deren kostbare Steinböden als beste Visitenkarte demonstrieren, wie sich schlichte Quadrate aus Glaspaste als Instrumentarium der dekorativen Künste einsetzen lassen.

Glossar

Antonio Crovato

Androne als Eingangshalle erster Raum des Palazzo zwischen Canal Grande und Innenhof. Der Raum wiederholt sich in den oberen Etagen.

Arabescato Marmorart.

Battuto Synonym für den venezianischen Terrazzoboden, der in Kalkmörtel geschlagen wird.

Bindello langes, schmales Band (es kann mehrfach wiederholt werden), das die Bodenzeichnung umrandet und verschiedene Felder des Grundes gegeneinander absetzt.

Bleipolierung einstige Schleifmethode für Zementböden unter Einsatz kleiner Bleikügelchen oder Filz mit Bleifasern; heute verwendet man statt dessen eine Art Schwamm mit Lack und Oxalsäure.

Broccato Marmorart.

Casin »So nennt man bestimmte kleine Häuser oder Zimmer, in denen sich eine geschlossene Gesellschaft versammelt, um durch Spiel oder andere Unterhaltung insbesondere die Nachtstunden zu vertreiben« *Tassini*.

Chalzedon natürliche Variante eines geäderten oder leuchtenden transparenten Kiesels unterschiedlicher Färbung, sehr häufig verwendet bei antikem Schmuck.

Ciottolo abgerundeter Kieselstein, der sich bei etwa 800 Grad zu Kalk reduziert. Ist die Kalzinierung noch nicht abgeschlossen, so hat der Kiesel eine kristalline Gestalt, die für eine Bearbeitung durch Steinschnitt geeignet ist. Zertrümmert und gesiebt nimmt er eine schneeweiße Farbe an, und gemischt mit anderen Granulaten verleiht er dem Terrazzo eine spezielle Brillanz.

Coccio pesto gestoßener Ziegel und Kieselkalk.

Commesso Zusammenstellung von Marmorstücken verschiedener Form, Farbe und Größe, die so zugeschnitten sind, daß sie genau aneinander passen und eine geschlossene Fläche ergeben (»Florentiner Boden« oder Boden »alla fiorentina«).

Dodekaeder regelmäßiger Polyeder, dessen zwölf Flächen aus gleichseitigen, konvexen Fünfecken bestehen.

»Florentiner Boden« siehe Commesso.

Granulat Körnung jener kleinen, rundlichen Teilchen, die sich im Kalk, im Zement und in Marmorpulver finden.

Intarsie kunstvolle Einlegearbeit mit Stückchen aus Stein oder anderem Material in extra dafür vorbereitete Vertiefungen in einer Grundfläche.

Kosmatenarbeit phantasievoll zusammengesetzte, elegante Mosaikmuster, häufig zwischen exakt gemeißelten Marmorprofilen.

Liagò (vom griechischen *heliakon* [Sonnenseite]) ein der Sonne zugewandter Bereich des Hauses, der als Aussichtspunkt geeignet ist. Mit der Zeit entwickelten sich jedoch zwei verschiedene Bezeichnungen: Die kleine, fürs Sonnenbad geeignete Holzkonstruktion auf den Dächern nannte man Altane; Liagò heißt dagegen ausschließlich jener Vorbau, der meist aus Holz bestand und parallel zur Außenwand des Gebäudes verlief: Von dort aus konnte man schauen, ohne gesehen zu werden.

Luftkalk weiße Substanz, die durch Brennen von Kalkstein in speziellen Öfen entsteht.

Masegni Pflastersteine aus euganeischem Trachyt (Schiefer), häufig begrenzt durch Streifen von istrischem Stein; sie können sowohl in langen Reihen als auch im Verbund verlegt werden.

Opus alexandrinum Bodenmosaik mit Dekor aus zweierlei verschiedenfarbigen Marmorsteinchen (wie rot und schwarz, rot und grün) auf einheitlichem, meist weißem Grund.

Opus sectile Steinboden oder Wandverkleidung aus verschiedenfarbigen Marmorplatten, in geometrische Formen – fast immer rechteckig – geschnitten, aber auch in nicht-geometrischem Zuschnitt für bestimmte Figuren.

Opus tessellatum Mosaik aus kleinen, bunten Marmorwürfeln.

Opus vermiculatum Mauerwerk oder Mosaik, bei dem die Steinstückchen oder Marmorplättchen unregelmäßig und wellenförmig angeordnet sind.

palladianisch ist im Sprachgebrauch der *terrazeri* ein Steinboden dann, wenn seine unregelmäßige Fläche aus ungleichen Marmorscheiben von 12–20 mm Dicke besteht, deren Zwischenräume so knapp wie möglich gehalten sind.

Pasta spezieller Stuck aus feinem pulverisiertem Marmor, Ziegel, Kalk und Wasser.

Pelta ellipsenförmiges Dekorationselement mit ein oder zwei halbmondförmigen Einbuchtungen an der Oberkante. Namen und Form dieses Motivs beziehen sich auf einen kleinen, leichten Schild, der im antiken Griechenland benutzt wurde.

Polieren der Terrazzoböden mittels verschiedener Methoden: mit Leinöl und Lappen; mit Wachs; mit einem *Orso* (= »Bär«: ein Gerät aus einem Stück Sandstein an einem speziellen Eisen mit langem Griff) und Kalk; mit den Hilfsmitteln der Bleipolierung; mit bestimmten Schleifsteinen; mit Oxalsäure.

Pòrtego zentraler Empfangssaal, im allgemeinen mit dem Erdgeschoß verbunden durch einen Portikus und mit den oberen Stockwerken durch ein Mehrfachfenster.

Presbyterium Bereich des Kircheninneren am Hauptaltar; den Geistlichen vorbehalten und üblicherweise durch Schranken oder Sperren aus kleinen Säulen oder Pilastern abgeschlossen.

Rappezzo erneuerter Bereich eines Terrazzobodens zur Instandsetzung alter Beläge. Es erfordert besondere Geschicklichkeit des *terrazer*, die ausgebesserten Stellen dem bestehenden Boden wie einen unsichtbaren Flicken anzugleichen.

Ritaglio Marmorstücke, die beim Schneiden von Platten und Steinen oder bei der Marmorbearbeitung im allgemeinen abfallen. Werden diese zerstoßen, entsteht feines Marmorgranulat.

Sagoma Praxis, durch das Spannen von Schnüren zwischen zwei Punkten oder – besonders im 19. Jahrhundert – mittels Holz- und Metallformen ein exaktes, absolut symmetrisches Muster zu erzielen.

Sansovina bemalter Balken, typisch für venezianische Häuser; benannt nach Jacopo Sansovino.

Semina Granulat oder Splitt, bereitet zur Verwendung für venezianische Terrazzoböden.

Sottofondo Schicht aus zäher Kalk- oder Zementmasse als Unterboden; ein Terrazzoboden »a fondo« besteht vollständig, d. h. von der untersten Schicht bis zur Oberfläche aus der gleichen Masse.

Stabilitura letzte, ganz besondere Mörtelschicht aus Marmorpulver, etwa einen Zentimeter dick aufgetragen, in welche die feinen Splitter eingestreut werden.

Stuck plastisches Gemisch aus Gipsmehl und erhitztem Öl für das Mörtelbett der Terrazzoböden.

Stuckierung Auftragen von weichem Stuck auf die alten Steinböden mit einem Spachtel; danach wird die Fläche mit Gips bestäubt und soll für eine Woche aushärten, um schließlich mit dem *Orso* (Instrument zur Glättung per Hand) geglättet und geölt zu werden.

Tablinum Empfangsraum und Speisesaal, meist an der Rückseite des Atriums.

Tagliapietra in Venedig *tajapiera* genannter Steinmetz oder Zuhauer; Handwerker, der Steine und Marmor bearbeitet.

Terrazziere in Venedig auch *terrazer* genannt, Handwerker mit Spezialisierung auf die venezianischen Terrazzoböden.

Terrazzo klassischer Steinboden für Innenräume aus Marmorstückchen in verschiedenen Formen, Farben und Granulierungen, die in ein Mörtelbett aus Kalk oder Zement eingestreut und perfekt geglättet werden (»venezianischer Steinboden« oder Boden »alla veneziana«).

Bibliographie

Ackerman, James S., *Palladio*, Turin 1972.

Alazraki, Paolo/Sandri, Maria Grazia, *Arte e vita ebraica a Venezia 1516-1797*, Florenz 1981.

Alberti, Leon Battista, *L'Architettura. De re aedificatoria*, Ausg. Mailand 1966.

Albertini, Bianca/Bagnoli, Sandro, *Scarpa. L'architettura nel dettaglio*, Mailand 1988.

Allegri, M.E., *Introduzione al segreto massonico*, Venedig im Jahr des wahren Lichtes 5706.

Amendolagine, Francesco/Barizza, Sergio/De Feo, Roberto/Moretti, Silvia, *Palazzo Bonfadini-Vivante*, Venedig 1995.

Archivio di Stato di Venezia, *Testimonianze Palladiane*, Ausstellungskatalog, Venedig 1980.

Bairati, Cesare, *La simmetria dinamica. Scienza ed arte nell'architettura classica*, Mailand 1952.

Balty, Janine, *Mosaïques antiques de Syrie*, Brüssel 1977.

Barral y Altet, Xavier, *Les mosaïques de pavement medievales de Venise, Murano, Torcello*, Paris 1985.

Basaldella, Francesco, *Giudecca. Cenni storici*, Venedig 1983.

Bassi, Elena, *Architettura del Sei e Settecento a Venezia*, Neapel 1962.

Bassi, Elena, *Il Convento della Carità*, Vicenza 1971.

Bassi, Elena, *Palazzi di Venezia. Admiranda urbis Venetae*, Venedig 1976.

Bassi, Elena, »Tracce di chiese veneziane distrutte. Ricostruzioni dai disegni di Antonio Visentini«, in: *Memorie* (Hrsg.: Istituto Veneto di Scienze, Lettere ed Arti), LXXI, 1997.

Bassi, Elena/Franchini, Alessandro/Pallucchini, Rodolfo, *Palazzo Loredan e l'Istituto Veneto di Scienze, Lettere ed Arti*, Venedig 1985.

Beigbeder, Olivier, *Lexique des symboles*, Genf 1969.

Bellavitis, Giorgio/Romanelli, Giandomenico, *Venezia*, Rom – Bari 1985.

Benoist, Luc, *Segni, simboli e miti* (übers. von Ada Beltramelli), Mailand 1976.

Berti, Bruno (Hrsg.), *La basilica di San Marco, arte e simbologia*, Venedig 1993.

Bettini, Sergio, *L'architettura di San Marco*, Padua 1946.

Bettini, Sergio (Hrsg.), *Venezia e Bisanzio*, Ausstellungskatalog, Venedig 1974.

Bibel, übersetzt ins Französische und präsentiert von André Chouraqui und Desclée de Brower, 1989.

Boi, Ennio, *Il palazzo Soranzo Piovene, sede dell'ufficio del generale di divisione ispettore della Guardia di Finanza per l'Italia nord orientale*, Venedig 1995.

Boucher, Bruce, *Andrea Palladio. The Architect in His Time*, New York 1994.

Branca, Vittore (Hrsg.), *Barocco europeo e barocco veneziano*, Florenz 1962.

Bruyère, André, *Sols. Saint-Marc Venise*, Paris 1990.

Calimani, Riccardo, *Storia del ghetto di Venezia*, Mailand 1985.

Caniato, Giovanni/Dal Borgo, Michaela, *Le arti edili a Venezia*, Rom 1990.

Carlevarijs, Luca, *Le fabbriche e vedute di Venezia, disegnate, poste in prospettiva e intagliate, con privili-gii*, Venedig 1703.

Chevalier, Jean/Gheerbrant, Alain, *Dictionnaire des symboles*, Paris 1969.

Chiappini di Sorio, Ileana, *Palazzo Pisani Moretta*, Mailand 1983.

Cicogna, Pasquale, *Iscrizioni veneziane*, ms 2022, busta 1593, Venedig, Biblioteca Museo Correr.

Concina, Ennio, *Storia dell'architettura di Venezia dal VII al XX secolo*, Mailand 1995.

Conty, Patrick, *Labirinti*, Casale Monferrato (Turin) 1997.

Cooperman, Bernard D./Curiel, Roberta, *Il ghetto di Venezia*, Venedig 1990.

Corner, Flaminio, *Notizie storiche delle chiese e monasteri di Venezia e di Torcello*, Padua 1758.

Corpus des mosaïques de Tunisie: Utique, Bd. 1, Heft 2, Nr. 146-242, Tunis, Institut National d'Archéologique et d'Art, 1974.

Coryate, Thomas, *Crudities hastily gobled up in five moneths travels* (ital.: *Crudezze. Viaggio in Francia e in Italia 1608*, Hrsg.: Franco Marengo und Antonio Meo, Mailand 1975).

Crovato, Antonio, *I pavimenti alla veneziana*, Venedig 1989.

Cunaccia, Cesare M./Smith, E. Mark, *Interni a Venezia*, Venedig 1994.

Cuschito, Giuseppe, *Grado e le sue basiliche paleocristiane*, Bologna 1992.

Da Mosto, Andrea, *I dogi di Venezia nella vita pubblica e privata*, Mailand 1966.

Damerini, Gino, *D'Annunzio e Venezia*, Verona 1943.

Damerini, Gino, *L'isola e il cenobio de San Giorgio Maggiore*, Venedig 1969.

Damerini, Gino, *Settecento veneziano. La vita, gli amori, i nemici di Caterina Dolfin Tron*, Mailand 1939.

Daszeswski, W.A./Michaelides, D., *Guide to the Paphos Mosaics*, Nikosia 1988.

Davanzo Poli, Doretta/Moronato, Stefania, *Il Museo di Palazzo Mocenigo*, Mailand 1995.

De Min, Maurizia, »Venezia. Rinvenimenti medievali nella chiesa di San Lorenzo. Notizie preliminari«, in: *Venezia Arti*, 4, 1990.

De Vecchi, Pierluigi, *Tintoretto*, Mailand 1970.

Di Nola, Alfonso, *Cabbala e mistica giudaica*, Rom 1984.

Dorigato, Attilia/Mazzariol, Giuseppe, *Interni veneziani*, Padua 1989.

Dorigo, Wladimiro, *Venezia. Origini*, Mailand 1983.

Fabbiani, Licia, *La fondazione monastica di San Nicolò di Lido (1053-1628)*, Venedig o.J.

Falchetta, Piero, »La misura dipinta. Rilettura tecnica e semantica della veduta di Venezia di Jacopo de' Barbari«, in: *Ateneo Veneto*, 1991.

Farioli Campanati, Raffaella, »Il pavimento di San Marco a Venezia e i suoi rapporti con l'Oriente«, in: Renato Polacco (Hrsg.), *Storia dell'arte marciana. I mosaici*, Venedig 1997.

Figelli, Nicoletta, *Guida di Aquileia*, Triest 1991.

Fiorini, Guido, *Saggio su tracciati armonici*, Rom 1958.

Florent-Goudoneix, Ivette, »I pavimenti in 'opus sectile' nelle chiese di Venezia«, in: Renato Polacco (Hrsg.), *Storia dell'arte marciana. I mosaici*, Venedig 1997.

Florent-Goudoneix, Ivette, »Il pavimento della Basilica«, in: *Basilica Patriarcale in Venezia, i mosaici, le iscrizioni, la Pala d'Oro*, Mailand 1991.

Fontana, Gian Jacopo, *I principali palazzi di Venezia*, Venedig 1865.

Forlati, Ferdinando, *La basilica di San Marco attraverso i suoi restauri*, Triest 1975.

Foscari, Antonio, »Appunti di lavoro su Jacopo Sansovino«, in: *Notizie da Palazzo Albani*, Jg. III, Nr. 2, Urbino 1994.

Foscari, Antonio/Del Vicario, Barbara, *Relazione storica di Palazzo Contarini Cavalli*, Venedig 1983.

Foscari, Lodovico, *Affreschi esterni a Venezia*, Mailand 1936.

Fradier, Georges, *Mosaïques romaines de Tunisie*, Tunis 1986.

Gemin, Massimo/Pedrocco, Filippo, *Giambattista Tiepolo. I dipinti. Opera completa*, Venedig 1993 (dt. Ausg.: *Giambattista Tiepolo. Leben und Werk*, München 1995).

Ghyka, Matila C., *Essay sur le rythme*, Paris 1938.

Ghyka, Matila C., *Esthétique des proportions dans la nature et dans les arts*, Paris 1927.

Ghyka, Matila C., *Le nombre d'or*, Bd. I: »Les rythmes«, Bd. II: »Les rites«, Paris 1931.

Gianighian, Giorgio/Pavanini, Paola (Hrsg.), *Dietro i palazzi: tre secoli di architettura minore a Venezia (1492-1803)*, Venedig 1984.

Giorgione a Venezia, Mailand 1978.

Gramigna, Silvia/Perissa, Annalisa, *Scuole di arti, mestieri e devozione a Venezia*, Venedig 1981.

Iacumin, Renato, *La basilica di Aquileia. Il mosaico dell'aula nord*, Reana del Rojale (Udine) 1990.

Isabella Reale (Hrsg.: *Mosaico*), Pordenone 1997.

Ivanoff, Nicola, *Venezia San Giorgio Maggiore, tesori d'arte cristiana*, 74, 29. Juli 1967.

Jacopo Bellini. L'album dei disegni del Louvre, Mailand 1984.

James, Henry, *The Wings of the Dove*, London 1986.

Kerényi, Karoly, *Nel labirinto*, Turin 1983.

Krauss, Rosalind, *Grids*, New York 1994.

Lane, Frederic C., *Storia di Venezia*, Turin 1978.

Lauritzen, Peter, *Palaces of Venice*, Florenz 1978.

Leonardo e Venezia, Mailand 1992.

Links, J.G., *Venice for Pleasure*, London 1966.

Longhena, Ausstellungskatalog, Mailand 1982.

Longhi, Roberto, *Viatico per cinque secoli di pittura veneziana*, Florenz 1952.

Lorenzetti, Giulio, *Itinerario sansoviniano a Venezia* (Hrsg.: Comitato per le onoranze sansoviniane), Venedig 1929.

Lorenzetti, Giulio, *Venezia e il suo estuario. Guida storico-artistica*, Rom 1956.

Magagnato, Licisco (Hrsg.), *Le stoffe di Cangrande. Ritrovamenti e ricerche sul Trecento veronese*, Florenz 1983.

Marcuzzi, Luigi, *Aquileia*, Sacile 1985.

Maretto, Paolo, *La casa veneziana nella storia della città dalle origini all'Ottocento*, Venedig 1986.

Maretto, Paolo, *L'edilizia gotica veneziana*, Venedig 1978.

Maretto, Paolo, *Venezia*, Genua 1969.

Mariacher, Giovanni, *Tempio del Santissimo Redentore. Venezia*, Bologna 1967.

Mazzariol, Giuseppe/Barbieri, Giuseppe, *Carlo Scarpa 1906-1978*, Mailand 1984.

Mazzucco, Gabriele (Hrsg.), *Monasteri benedettini nella laguna veneziana*, Venedig 1983.

McAndrew, John, *Venetian Architecture of the Early Renaissance*, Cambridge (Mass.) – London 1980.

McCarthy, Mary, *Venice Observed*, New York 1963.

Mistrorigo, Teresa, *L'abbazia di Pomposa*, Bologna 1971.

Moldi Ravenna, Cristiana/Sammartini, Tudy/Berengo Gardin, Gianni, *Giardini segreti a Venezia*, Venedig 1988.

Molmenti, Pompeo, *La storia di Venezia nella vita privata dalle origini alla caduta della Repubblica*, 3 Bde., Bergamo 1922–1927[6].

Montaigne, Michel de, *Journal de voyage en Italie par la Suisse e l'Allemagne en 1580 e 1581* (ital.: *Viaggio in Italia [1580–1581]*, übers. von Irene Riboli, Mailand 1942).

Morris, James, *The Venetian Empire: a Sea Voyage*, London – Boston 1980.

Morris, James, *Venice*, London 1960.

Moschini, Giannantonio, *Itinéraire de Venise*, Venedig 1818.

Moschini, Giannantonio, *Ragguaglio delle cose notabili nella chiesa e nel seminario patriarcale di Santa Maria della Salute in Venezia*, Venedig 1819.

Moschini Marconi, Sandra, *Galleria G. Franchetti alla Ca' D'Oro*, Rom 1992.

Moschini Marconi, Sandra, *Gallerie dell'Accademia di Venezia. Opere d'arte dei secoli XIV e XV*, Rom 1955.

Muraro, Michelangelo, *Palazzo Contarini a San Beneto*, Venedig 1970.

Muraro, Michelangelo/Grabar, André, *Les trésors de Venise*, Genf 1963.

Pacioli, Luca, *De divina proportione* (Hrsg.: Associazione fra le Casse di Risparmio Italiane di Roma), Mailand 1982.

Palazzo Mocenigo, Versteigerungskatalog (Christie's, Venedig 7.-8. Okt. 1996), Rom 1996.

Palladio, Andrea, *I quattro libri dell'architettura*, Venedig 1570.

Pallucchini, Anna, *Giambattista Tiepolo*, Mailand 1968.

Paluzzano, Raffaella/Presacco, Gilberto, *Viaggio nella notte della chiesa di Aquileia*, Udine 1998.

Paoletti, Ermolao, *Il fiore di Venezia*, Venedig 1839.

Paoletti, Pietro, »La Ca' d'Oro«, in: *Studio di Arte e Storia*, I, Mailand – Rom 1920.

Paoletti, Pietro, *L'architettura e la scultura del Rinascimento in Venezia*, Venedig 1893.

Pasini, Antoine, *Guide à la Basilique de S. Marc à Venise*, Schio (Vicenza) 1988.

Pavanello, Giuseppe/Romanelli, Giandomenico (Hrsg.), *Venezia nell'Ottocento: immagini e mito*, Ausstellungskatalog, Mailand 1983.

Perosa, Sergio (Hrsg.), *Henry James e Venezia*, Florenz 1987.

Perry, Marilyn, *The Basilica of SS. Maria e Donato on Murano*, Venedig 1980.

Pertusi, Agostino (Hrsg.), *Venezia e l'Oriente fra tardo Medioevo e Rinascimento*, Florenz 1966.

Piazza San Marco. L'architettura, la storia, le funzioni, Venedig 1970.

Pignatti, Teresio, *Il quaderno dei disegni del Canaletto*, Mailand 1958.

Polacco, Renato, »Il pavimentum sectile di San Marco«, in: *Venezia Arti*, 4, 1990.

Polacco, Renato, *La cattedrale di Torcello*, Venedig 1984.

Ponzani, Marta, *La committenza Barbarigo nei Palazzi di Santa Maria del Giglio*, Diss., Mailand 1994–95.

Popescu, Grigore Arbore/Zoppi, Sergio, *Palazzo Papadopoli a Venezia*, 1993.

Proust, Marcel, *La Fugitive*, in: Ders., *A la recherche du temps perdu* (Hrsg.: Yves Tadiés, 4 Bde., 1987).

Puppi, Lionello, *L'opera completa di Canaletto*, Mailand 1968.

Puppi, Lionello (Hrsg.), *Palladio a Venezia*, Florenz 1982.

Puppi, Lionello, »Venezia come Gerusalemme nella cultura figurativa del Rinascimento«, in: August Buck/Bodo Guthmiller (Hrsg.), *La città italiana del Rinascimento fra utopia e realtà*, Quaderno del Centro tedesco di studi veneziani, 27, Venedig 1984.

Puppi, Lionello/Romanelli, Giandomenico (Hrsg.), *Le Venezie possibili. Da Palladio a Le Corbusier*, Ausstellungskatalog, Mailand 1985.

Quadri, Antonio, *Huit jours à Venise*, Venedig 1838.

Quadri, Antonio, *Il Canal Grande di Venezia*, Venedig 1886.

Ragghianti, Carlo L., »La crosera de Piazza di Carlo Scarpa«, in: *Zodiac*, IV, 1. April 1959.

Reato, Danilo, *Il caffè Florian*, Venedig 1984.

Reato, Danilo/Dal Carlo, Elisabetta, *La bottega del caffè. I caffè veneziani tra '700 e '900*, Venedig 1991.

Reinisch Sullam, Giovannino, *Il ghetto di Venezia, le sinagoghe e il museo*, Rom 1985.

Ridolfi, Carlo, *Le meraviglie dell'arte ovvero le vite degli illustri pittori Veneti e dello Stato* (Hrsg.: Detlev von Hadeln), 2 Bde., Berlin 1914-21.

Ripa, Cesare, *Iconologia*, Rom 1593 (Nachdruck in 2 Bänden, Turin 1986).

Rizzi, Aldo, *Luca Carlevarijs*, Venedig 1967.

Romanelli, Giandomenico, *Tra Gotico e Neogotico*, Venedig 1990.

Romanelli, Giandomenico, *Venezia Ottocento. Materiali per una storia architettonica e urbanistica della città nel secolo XIX*, Rom 1977.

Romanelli, Giandomenico/Smith, E. Mark, *Ritratto di Venezia*, Venedig 1996.

Romano, Ruggero/Schwarz, Angelo, *Per una storia della farmacia e del farmacista in Italia. Venezia e Veneto*, Bologna 1981.

Ruskin, John, *The Stones of Venice* (Hrsg.: Jan Morris), Boston – Toronto 1981.

Sabellico, Marc'Antonio, *Del sito di Venezia città*, 1502 (Hrsg.: G. Meneghetti, Venedig 1957).

Salerni, Lina, *Repertorio delle opere d'arte e dell'arredo delle chiese e delle scuole di Venezia*, Bd. I: *Dorsoduro – Giudecca – Santa Croce*, Vicenza 1994.

Sansoni, Umberto, *»Il Nodo di Salomone«*, Mailand 1998.

Sansovino, Francesco, *Venetia città nobilissima et singolare con le aggiunte di Giustiniano Martinoni*, Venedig 1663.

Santarcangeli, Paolo, *Il libro dei labirinti*, Mailand 1984.

Sanudo, Marin (il Giovane), *De origine, situ et magistratibus urbis Venetae, ovvero La città di Venezia (1493-1530)* (Hrsg.: Angela Caracciolo Aricò), Mailand 1980.

Scattolin, Francesca, »I pavimenti scomparsi della Scuola Grande della Misericordia«, in: *Venezia Arti*, 7, 1993.

Scattolin, Giorgia, *Le case-fondaco sul Canal Grande*, Venedig 1961.

Schneider, Marius, *Gli animali simbolici e la loro origine musicale nella mitologia e nella scultura antica*, Mailand 1986.

Scoto, Francesco, *Itinerario overo nova descrittione di viaggi principali d'Italia di Francesco Scoto aggiontavi in quest'ultima impressione le descrittioni di Udine...*, Venedig 1665.

Selincourt, Beryl de/Henderson, May Stinge, *Venice*, New York 1907.

Selvatico, Pietro, *Sulla architettura e sulla scultura in Venezia dal Medioevo sino ai nostri giorni. Studi di P. Selvatico per servire di guida estetica*, Venedig 1847.

Shaw-Kennedy, Ronald, *Venice Rediscovered*, Philadelphia 1978.

Smith, Cristina, *Ravenne. L'age d'or*, Florenz 1977.

Sols de l'Afrique Romaine, Paris 1995.

Steinsaltz, Adin, *La rose aux treize pétales. Introduction à la Cabbale suivi de introduction au Talmud*, Paris 1996.

Succi, Sandro (Hrsg.), *Da Carlevarijs a Tiepolo. Incisori veneti e friulani del Settecento*, Venedig 1983.

Tafuri, Manfredi, *Venezia e il Rinascimento: religione, scienza, architettura*, Turin 1985.

Tassini, Giuseppe, *Curiosità veneziane, ovvero origini delle denominazioni stradali* (Hrsg.: Lino Moretti), Venedig 1964.

Tassini, Giuseppe, *Edifici di Venezia distrutti o volti ad altro uso da quello a cui furono in origine destinati*, Venedig 1969.

Temanza, Tomaso, *Vite di più celebri architetti e scultori veneziani che fiorirono nel secolo decimosesto*, Venedig 1778.

Temanza, Tomaso, *Zibaldone (1738–1778)* (Hrsg.: Nicola Ivanoff), Venedig – Rom 1963.

Tongiorgi Tommasi, Lucia, *L'opera completa di Paolo Uccello*, Mailand 1971.

Tortorella, Stefano, »Pavimentazioni a mosaico nel mondo romano«, in: *I quaderni dell'Emilceramica*, 21, Faenza 1994.

Trincanato Egle, Renata, *Venezia minore*, Venedig 1948.

Valcanover, Francesco, *Ca' d'Oro. La Galleria Giorgio Franchetti*, Mailand 1986.

Varazze, Jacopo da, *Legenda Aurea (1228–1298)* (Hrsg.: Alessandro und Lucietta Vitale Barrerosa), Turin 1995.

Vasari, Giorgio, *Le vite de' più eccellenti pittori, scultori e architetti*, 7 Bde., Florenz 1927–32 (*Die Lebensbeschreibungen der berühmtesten Architekten, Bildhauer und Maler,* dt. Ausg. von A. Gottschewski und G. Gronau, Bd. 1–7, Straßburg 1904–1927).

Vaudoyer, Jean-Louis, *Les délices de l'Italie*, Paris 1924°.

Venise au temps des galères, Paris 1968.

Vitoux, Frédéric, *L'Arte di vivere a Venezia*, Mailand o.J.

Whittick, Arnold (Hrsg.), *Ruskin's Venice*, London 1976.

Wilson, Edward D., »The Right Place«, in: *Biophilia*, Harvard 1984.

Zanetti, Anton Maria, *Della pittura veneziana e delle opere pubbliche dei veneziani maestri*, Venedig 1792.

Zanetti, Anton Maria, *Descrizione di tutte le pubbliche pitture della città di Venezia ed isole circonvicine*, Venedig 1733 (Ausg.: Bologna 1980).

Zanetti, Anton Maria, *Varie pitture a fresco de' principali maestri veneziani*, Venedig 1760.

Zanotto, Francesco, *Nuovissima guida di Venezia e delle isole della sua laguna*, Venedig 1865.

Zorzi, Alvise, *La Repubblica del Leone*, Mailand 1979.

Zorzi, Alvise, *Venezia scomparsa*, Mailand 1984.

Zorzi, Marino, *La Libreria di San Marco*, Mailand 1987.

Zucchetta, Emmanuela, *Antichi ridotti veneziani*, Rom 1988.

Zucconi, Guido, *Venezia Guida all'architettura*, Venedig 1993.

Dank

An erster Stelle möchte ich Elena Bassi danken, deren Bücher *Architettura del Sei e Settecento a Venezia* und *Palazzi di Venezia* für mich eine wahre Fundgrube an Informationen dargestellt haben, so daß ich ohne sie den vorliegenden Band niemals hätte realisieren können.

Ferner gebührt mein Dank Cinzia Boscolo für Durchsicht und Korrekturen dieses Buches, Giulia Calligaro für ein Überarbeiten des Einführungstextes und Antonio Crovato für technische Beratung.

Ebenfalls wertvolle Hilfe verdanke ich: Feliciano Benvenuti, Bruno Bertoli, Anna Maria Cadel, Lulli Chiappini, Doretta Davanzo Poli, Barbara Del Vicario, Gianni Fabbri, Daulo Foscolo, Silvia Lunardon, Marina Magrini, Lesa Marcello, Antonio Niero, Luigi Savio, Francesca Scattolin, Rossana Serandrei Barbero, Piergiorgio Tempesti und Lina Urban.

Den folgenden städtischen Institutionen fühle ich mich dankbar verbunden, da sie mir freundlich Einlaß in ihre Privatgebäude gewährt haben: der Gesellschaft *Alliance Française* (mit ihrem Präsidenten Antonio Foscari sowie dem Kulturbeauftragten der französischen Botschaft: Frédéric Bouilleux); *Azienda Multiservizi Ambientali Veneziana* (Präsident Guido Berro, Generaldirektor Antonio Stifanelli, Daniela Mattarucco); *Banca Commerciale Italiana* (der Zentraldirektion in Mailand sowie der Direktion der Filiale von San Marco, Venedig); *Biblioteca Nazionale Marciana* (Direktor Marino Zorzi, Piero Falchetta); *Centro Internazionale delle Ricerche* (dem Wissenschaftler Grigore Arbore Popescu); *Compagnia Generale delle Acque* (Verwaltungsdirektor Paolo Salvaduz); *Comunità Ebraica* (Giovannina Reinisch Sullam); *Berufungsgericht* (Präsidiumsbüro); der Patriarchalkurie (Don Matteo Caputo als Direktor des Kulturbüros und den jeweiligen Pfarreien der verschiedenen Kirchen); der Direktion der *Civici Musei Veneziani* (Direktor Giandomenico Romanelli, Stefania Moronato als Konservatorin des Palazzo Mocenigo, Flavia Scotton als Konservatorin an der Galleria d'Arte Moderna); *Fondazione Querini Stampalia* (Direktor Giorgio Busetto, Mariagusta Lazzari, Angelo Mini); *Guardia di Finanza* (Lorenzo Reali als Divisionsgeneral und Inspekteur für Nordostitalien); *Istituto Veneto di Scienze, Lettere ed Arti* (Direktor Alessandro Franchini); *Mediovenezie Banca SpA; Orsoni Angelo snc;* dem Prokuratorenamt von *San Marco* (Monsignore Antonio Meneguolo als Sekretär, Ettore Vio als Proto, Maria Da Villa Urbani, Andrea Bianchini); *Soprintendenza ai beni ambientali e architettonici di Venezia* (Maurizia De Min, Mario Piana, Emanuela Zucchetta, Maria Trevenzoli, Stefano Seragiò); *Soprintendenza ai beni artistici e storici di Venezia* (Oberintendantin Giovanna Nepi Scirè, Adriana Ruggeri Augusti, Sandra Moschini Marconi, Antonio Martini); *Scuola Grande dei Carmini* (Lamberto della Tofola als Guardian Grande, Vanda Miori).

Und schließlich danke ich für ihre freundliche Bereitwilligkeit: Giovanni Alliata di Montereale, den Patres des Armenischen Kollegs, Bianca Arrivabene Gonzaga, Paolo und Donatella Asta, Stefano Baccara,

Gabriella Barbini, Gianfranco Baroncelli, Brando Brandolini d'Adda, Maria Camerino, Maurizio d'Este, Mariolina Doria de Zuliani, Alberto Falck und Gemahlin, Francesco Forni, Caterina Fuga, Achille und Grazia Gaggia, Maria Franchin Donà dalle Rose, Peter und Rosy Lauritzen, Luciano Luciani, Lucio Orsoni, Francesco und Mario Pasetti-Bombardella, Paolo Piva, Rino Rizzo, Adriana Rocca, Ernesto Rubin de Cervin Albrizzi, Natale Rusconi, Edoardo Salzano, Maurizio und Barbara Sammartini, Leonardo Tiveran, Gianfranca Totti, Paolo Trentinaglia, Francesco Trevisanato und Gemahlin, Romano und Daniela Vedaldi, Patricia Viganò Curtis, Loris Volpato, Paolo Volpe, Erica Zecca, Alessandro Zoppi, den Direktionen der Hotels »Bauer Grünwald«, »Cipriani«, »Europa & Regina«, »Luna« sowie der »ITT Sheraton Corporation«.

Tudy Sammartini

Nachwort

Dieser phantastische Rundgang über Venedigs Steinböden nahm seinen Anfang im Haus von Elisabetta Czarnocki, einer lieben Freundin, die mir den Geist von Venedig, dessen Essenz und vornehmes historisches Erbe nahegebracht hat.

Es war eine Unternehmung, die mehrere Jahre in Anspruch nahm und verschiedene Schwierigkeiten zu bewältigen hatte.

So schön Venedig auch ist, seine Innenräume sind nicht leicht zu fotografieren. Deshalb bedurfte es technischer Hilfsmittel – vor allem der richtigen Beleuchtung –, die es ermöglichten, diese weltweit einzigartige Patina der Vergangenheit wieder erstehen zu lassen und die Materie dem Leser anschaulich darzubieten.

Doch Tudy, Michela, Livio und ich haben immer fest an das Vorhaben geglaubt und darum gerungen, diesen Ausflug Wirklichkeit werden zu lassen.

Nun erlebe ich – beim Betrachten dieser Fotos – noch einmal all die tausendjährigen Gerüche und Atmosphären jener Räume, die Empfindungen und die feierlichen, manchmal schwindelerregenden Eindrücke, die auf mich einströmten, als ich die venezianischen Steinböden fotografierte.

Ein unbekanntes Venedig, projiziert auf Vergangenheit, Gegenwart und Zukunft, ein Rundgang über seine tausend Jahre alten Mosaiken, um die Kunst weit zurückliegender Zeiten ebenso wie moderne künstlerische Intuitionen in sich aufzunehmen: Dies soll die Botschaft meiner Fotos sein.

Gabriele Crozzoli

Bildnachweis

Sovraintendenza ai beni ambientali architettonici di Venezia 14-15
Bildarchiv Osvaldo Bohn 18-21
Bildarchiv Museo Correr 23
Mark E. Smith 47
Daniele Resini 132
Dida Biggi 171